LE PROSCRIT,

DRAME LYRIQUE.

LE PROSCRIT,

OU

LE TRIBUNAL INVISIBLE,

DRAME LYRIQUE EN TROIS ACTES,

PAROLES DE MM. CARMOUCHE ET SAINTINE,

MUSIQUE DE M. AD. ADAM,

REPRÉSENTÉE, POUR LA PREMIÈRE FOIS, A PARIS,
SUR LE THÉATRE ROYAL DE L'OPÉRA-COMIQUE,
LE 18 SEPTEMBRE 1833.

PARIS.

CHEZ QUOY, LIBRAIRE,

BOULEVARD SAINT-MARTIN, N° 2.

1855

PERSONNAGES. ACTEURS.

Le comte LOREZZO, napolitain, sous le nom
  d'Alberti.   M. Henri.
ANTONIA, sa fille.   Mme Casimir.
FLORETTA, sa nièce.   Mlle Massy.
STÉPHANO STROZZI, amant d'Antonia.   M. Deslandes.
DONATI, ami de Stéphano.   M. Thénard.
PIÉTRO, gondolier vénitien.   M. Boulard.
BULGARI, ancien soldat.   M. Fargueil.
EMILIO, noble vénitien.   M. Auguste.
Sept autres membres du tribunal.
  Officiers, valets, soldats, seigneurs, dames, paysans.

La scène se passe aux environs de Venise, dans l'île de Murano.
L'action a lieu dans le quatorzième siècle; vers 1358.

Nota. Toutes les indications sont prises de la salle; le premier personnage inscrit tient toujours la gauche du public, ainsi de suite.

LE PROSCRIT,

ou

LE TRIBUNAL INVISIBLE,

DRAME LYRIQUE.

ACTE I.

Le théâtre représente une salle donnant sur des jardins ; à gauche du public, une porte des appartemens de Stéphano. Au premier plan, une table couverte d'un tapis, sur laquelle est une guitare, une écritoire, etc. ; plus haut, une vaste bibliothèque ou une glace, qui cache une petite porte secrète ; à droite, l'entrée d'un passage qui conduit aux appartemens d'Alberti. La salle est censée éclairée par une fenêtre ou une porte à vitraux, garnie de stores.

SCÈNE PREMIÈRE.

HABITANS DES DEUX SEXES, *portant des fleurs, des bouquets. Pendant la ritournelle, ils paraissent à la porte du fond.* PIÉTRO *entre par la porte à droite, va au-devant d'eux, les fait entrer et puis sort pour les annoncer.*

INTRODUCTION.

CHOEUR.

De ces lieux fêtons la patrone,
La douce et belle Antonia ;
Et prions tous notre madone,
Pour cette aimable signora.

LE PROSCRIT,

PIÉTRO, *à Antonia et Floretta qui entrent.*
Venez, venez; remplis de zèle,
Les habitans de Murano
Viennent pour vous fêter.

LOREZZO, *paraissant derrière les paysans, à gauche. Il est en pèlerin, longs cheveux, grande barbe.*
Piétro! Piétro!...

PIÉTRO.
Qui donc m'appelle?
(*Il le voit de loin*).
Un pèlerin...

LOREZZO *à part, voyant les paysans qui s'avancent.*
Les voilà tous...
A leurs regards dérobons-nous!
(*Il s'enveloppe, et se met à gauche du public. Piétro va à lui; ils parlent bas avec précaution.*)

CHOEUR.
De ces lieux, fêtons la patrone, etc.

SCÈNE II.
LOREZZO, PIÉTRO, FLORETTA, ANTONIA, *ensuite* BULGARI.

ANTONIA.
Quoi! tout le village s'empresse!

PIÉTRO, *bas à Lorezzo.*
Qu'ai-je entendu! vous! grands dieux!

FLORETTA, *à Antonia.*
Vraiment, vraiment, on te traite en princesse.

ANTONIA, *près des paysans.*
Mes amis, mes amis, je reçois, je reçois vos vœux.

(*Pendant ce temps, Lorezzo, qui a causé avec Piétro, remonte la scène par derrière, et paraît à la porte du fond.*)

LOREZZO.
ROMANCE.
PREMIER COUPLET.
Pour la bonté, vous qu'on renomme,

ACTE I, SCÈNE II.

Ah! soulagez ma misère et ma faim.
A pied, vieux et souffrant, je suis venu de Rome,
Prenez pitié du pauvre pélerin.

CHOEUR.

A pied, il est venu venu de Rome,
Prenez, prenez pitié du pauvre pélerin.

(*Pendant ce couplet, Antonia passe dans les groupes des paysans et leur donne de l'argent. Floretta recueille des fleurs. — Bulgari paraît à droite derrière les chœurs.*)

LOREZZO, *s'avançant.*

DEUXIÈME COUPLET.

Je vais gagner la sainte ville;
Des bords du Tibre aux rives du Jourdain.
Chrétiens, dans ce palais, accordez un asile
Pour cette nuit, au pauvre pélerin.

CHOEUR, *à Antonia*.*

Ce soir, dans ce palais, donnez l'asile
Que vous demande un pauvre pélerin.

ANTONIA.

Bon vieillard, à votre prière,
Nous nous rendrons!...

PIÉTRO, *passant par derrière, bas à Antonia.*

C'est votre père!

ANTONIA, *à mi-voix.*

Qu'ai-je entendu! destin propère!...

(*Elle semble dire à Piétro : renvoyez tout le monde. Lorezzo l'entraîne un peu à gauche.*)

FLORETTA, *chargée de fleurs.*

Quels beaux bouquets nous recevrons!...

(*aux habitans.*)

Ce soir la fête vous appelle;
Tandis qu'à la mode fidèle,
On s'ennuiera dans les salons,
Nous danserons la tarentelle!

PIÉTRO, *cherchant à distraire du pélerin.*

Nous chanterons et nous boirons!

* Piétro, Lorezzo, Floretta, Antonia, Bulgari.

LE PROSCRIT,

UN PAYSAN.

Tant mieux, il faut bien se distraire!...
Dans Venise, on ne chante guère!

LOREZZO, *bas à sa fille, pendant que Floretta passe près d'eux.*

Devant Floretta, taisons-nous!

BULGARI, *à part.*

Pour observer, approchons-nous...

LE PAYSAN.

Le tribunal invisible,
Dans l'ombre dirige ses coups...

(*Pendant ce mouvement des paysans, Antonia sort par la droite avec le pèlerin, en passant au milieu des paysans.*)

ENSEMBLE.

BULGARI, *à part.*

Ah! le tribunal invisible!...
Ces gaillards-là parlent de nous;
Écoutons bien, taisons-nous!

CHOEUR *à voix basse, avec un mouvement de crainte.*

Sur le tribunal invisible
Taisons-nous bien, taisons-nous tous.
Taisons-nous, taisons-nous tous.

PIÉTRO, *remontant la scène.*

Laissons-là ce sujet pénible,
A ce soir, amis, au revoir.

CHOEUR.

A ce soir, amis, à ce soir!

FLORETTA, PIÉTRO.

Ce soir la fête vous appelle;
Ce soir, ici, nous nous verrons.
Tandis qu'à la mode fidèle,
On s'ennuiera dans les salons,
Nous danserons la tarentelle!
Nous danserons, nous chanterons!

TOUS, *en se balançant gaîment.*

Oui, toujours au plaisir fidèle,

ACTE I, SCÈNE II.

Ce soir, ici, nous nous verrons,
reviendrons,
Nous danserons la tarentelle!
Nous chanterons et nous boirons!

(*Pendant que tout le monde sort, Bulgari a traversé la scène et se trouve au fond à gauche; et il passe sur la pointe du pied pour venir regarder du côté où est sorti le pèlerin. Piétro ferme la porte, et en descendant l'aperçoit.*)

SCÈNE III.

PIÉTRO, BULGARI.

PIÉTRO, *à Bulgari qui s'avance à droite, et lui frappant rudement sur l'épaule.*

Eh bien! que fais-tu là? que veux-tu?

BULGARI, *étonné, se retourne.*

Comment!.. le gondolier Piétro ne reconnaît pas un ancien ami?..

PIÉTRO.

Tiens, c'est toi, Bulgari? Il y a si long-temps qu'on ne t'a vu!.. Es-tu toujours maraudeur, contrebandier, flibustier?

BULGARI, *avec importance.*

Fi donc! on a renoncé à ces professions vulgaires, depuis qu'on est dans les grades supérieurs!...

PIÉTRO.

Bah!

BULGARI, *à mi-voix.*

Oui, l'ami, je suis nommé premier garde d'office pour les arrestations ordonnées par le tribunal invisible... Rien que ça!...

PIÉTRO, *avec humeur.*

Eh bien! voyons, monsieur le garde du redoutable tribunal, que viens-tu chercher ici?

BULGARI.

Toi, d'abord... (*Mouvement de Piétro.*) Oh! n'aie pas peur!

PIÉTRO, *d'un air résolu.*

Moi !...

BULGARI, *le prenant à part.*

Je sais... tu es un homme de résolution, un homme de cœur et de tête; et, quoique un peu dévot, capable d'un coup de main... Aussi j'ai songé à toi. On m'a chargé d'un recrutement, et je puis faire ta fortune.

PIÉTRO, *ironiquement.*

Ah ! grace à ta protection, je pourrais m'élever jusqu'à la dignité de dénonciateur ?

BULGARI.

C'est un état tout comme un autre, quand on l'exerce avec bonhomie, avec candeur !..

PIÉTRO, *à part.*

Je crois prudent de l'éloigner de ces lieux. (*haut.*) Chut !... nous ne pouvons causer de cela ici.

BULGARI.

C'est juste... Trouve-toi à six heures près de Notre-Dame-de-Lorette, au *Vaisseau-Amiral*.. Tu paieras l'écot ?

PIÉTRO.

Oui.

BULGARI.

Je te laisse jusque là pour capituler avec ta conscience, si tu en as une !

PIÉTRO, *tâchant de l'éloigner.*

Oui, oui.... A ce soir.... Adieu, Bulgari.

(*Il passe à droite.*)

BULGARI, *tranquillement en passant à gauche.*

Tu t'en vas... Adieu, mon petit Piétro.

PIÉTRO, *vivement.*

Eh bien ! tu restes ? qu'attends-tu donc encore ?

BULGARI.

Le seigneur Stephano Strozzi... car cette maison lui appartient, quoiqu'il en ait cédé le logement principal à un certain Alberti, un négociant napolitain...

PIÉTRO.

Oui !

BULGARI, *se rapprochant un peu.*

Qu'est-ce que c'est donc que cet Alberti ?

PIÉTRO, *d'un air d'indifférence.*

Mais, un brave et digne homme. Tous les habitans de Murano en peuvent porter témoignage. (*s'animant.*) Auquel d'entre eux n'a-t-il pas fait du bien ! Quelle misère n'a-t-il pas soulagée depuis trois mois qu'il est parmi nous !

BULGARI, *pensif.*

Trois mois? Alors il est arrivé ici vers le temps de la grande catastrophe, la mort du dernier doge !...

PIÉTRO.

A peu près.

BULGARI, *toujours d'un ton benin.*

Et quel genre de commerce fait-il donc ?

PIÉTRO.

Mais... un commerce en grand... L'or... et les diamans.

BULGARI.

Beau commerce !.. J'aime beaucoup l'or... et les diamans. Mais, dans ce moment-ci, n'est-il pas absent ?

PIÉTRO.

Lui ! il ne s'absente jamais que pour aller de Murano à Venise... Il faut bien s'occuper de ses affaires ! As-tu à lui parler? veux-tu le voir ?

BULGARI.

Nullement. C'est que... tu sais, par ordre des Dix il est défendu de s'éloigner de son domicile pour plus de trois jours, à moins d'une autorisation spéciale.

PIÉTRO, *avec un pas pour s'éloigner.*

Eh ! qui ne sait pas cela ?...

BULGARI, *se rapprochant.*

Mais comment se fait-il donc que le seigneur Stephano doive épouser sa fille?

PIÉTRO, *à part avec impatience.*

Ah !... (*reprenant son ton d'insouciance.*) rien de plus

simple, il me semble. Habitant le même palais, les jeunes gens se virent, ils s'aimèrent : Stephano Strozzi a un grand nom, mais Alberti a une grande fortune, et l'un vaut bien l'autre ! (*s'animant.*) Mais au bout du compte, où en veux-tu venir avec toutes tes interrogations? Aurais-tu l'intention de me soutirer quelques secrets, je n'en sais pas ! Tu n'as rien à faire ici !... Par la Vierge et les saints! ne t'avise jamais de toucher à l'un de ceux qu'adopta le cœur de Piétro; car, tu le sais, l'amitié et la haine ont des effets chez moi !

BULGARI, *le calmant.*

Allons, allons, ne te fâche pas ! (*Il remonte un peu.*)

PIÉTRO, *remontant aussi.*

C'est le seigneur Stephano que tu demandes? Il n'est pas ici, il y est rarement...

BULGARI, *de même.*

C'est bon ! c'est bon ! alors je suis sûr de le trouver dans son palais à Venise, et je vais l'y chercher.... Adieu, Piétro.

PIÉTRO.

Au revoir !

BULGARI.

Souviens-toi. A six heures, n'est-ce pas? au *Vaisseau-Amiral*. (*Il sort.*)

PIÉTRO.

Oui, oui, adieu !

SCÈNE IV.

PIÉTRO, ALBERTI, ANTONIA.

PIÉTRO, *au fond.*

Enfin, le voilà parti.

(*Il va à la porte de droite. Alberti paraît; il a quitté son habit de pèlerin.*)

ALBERTI, *tenant sa fille.*

AIR.

Ah !... c'était trop long-temps souffrir !
Trop long-temps errer sans cesse!...

Loin des objets de ma tendresse
Fuir encore, ah! plutôt mourir!
Cachant loin de toi ma misère,
Ton souvenir me soutenait;
Quand j'étais las de vivre, une voix me disait:
Ta fille encore a besoin de son père!
Au fond de la retraite austère
Où je bravais leur triste loi,
Ma fille, ah! crois-en bien ton père,
Tous mes vœux étaient pour toi!...

Le calme enfin semble renaître;
A mes yeux brille un ciel plus doux.
Le malheur peut-il renaître
Quand je me trouve auprès de vous?

PIÉTRO, *vivement et avec respect.*

Pardon, monseigneur; mais pourquoi revenir sur vos pas? Comment n'avez-vous pu sortir des états de Venise, depuis huit jours?

LOREZZO.

La fuite m'a été impossible; tous les passages m'étaient fermés. Malgré mon nom supposé d'Alberti, mon titre de négociant, les faux papiers dont j'étais muni, il me fallait chaque jour subir de nouveaux interrogatoires...

ANTONIA, *qui le regarde avec intérêt.*

Pauvre père!

LOREZZO.

Et quel supplice! Partout, je craignais de rencontrer un dénonciateur, un ennemi; partout, je trouvais mon arrêt, jusque sur les murs des villages que je traversais;..... partout, j'entendais une voix lire hautement aux curieux assemblés: « *Au nom du tribunal des Dix, le comte Lorezzo* « *est décrété d'arrestation pour avoir, de complicité avec le* « *doge Marino Faliero, tenté de renverser les lois de la répu-* « *blique.* »

ANTONIA, *les yeux au ciel.*

Et pourtant quel fut votre crime?

LOREZZO.

Vous le savez ! D'avoir, avec Faliéro, rêvé la liberté du peuple et l'unité de notre belle Italie. (*Piétro lève les mains au ciel.*) Mais quand je quittai Naples, afin de partager les périls de sa noble entreprise, je n'arrivai à Venise que pour voir tomber sa tête.

PIÉTRO.

Vous n'avez donc pu gagner la ville de Brescia ?

LOREZZO.

A peine y étais-je entré en fugitif, que le bruit se répandit que j'y arrivais en libérateur ; le peuple crut avoir un soutien et prit les armes. On était sur mes traces ; il fallut encore me cacher sous l'habit respecté d'un pélerin.

ANTONIA, *avec inquiétude.*

Mais cette fête qui se prépare ici... on pourrait vous y reconnaître, il faut...

PIÉTRO, *l'arrêtant.*

Ne rien changer aux usages du pays.

LOREZZO.

Piétro a raison. Ce serait éveiller les soupçons ; et puis, étranger à Venise, rapidement vieilli par la fatigue et les chagrins, mes ennemis ne peuvent me reconnaître, et mes amis ne me trahiront pas. Bientôt, je l'espère, nous pourrons nous éloigner tous ensemble pour regagner Naples. C'est alors que le comte de Lorezzo, maître de reprendre ses titres et son rang, pourra révéler à Stéphano un nom égal au sien, et le nommer hautement son gendre.

ANTONIA, *tristement.*

Ah ! mon père, Stéphano songe-t-il encore à ses promesses, à son amour ! depuis quelque temps, sa conduite mystérieuse, ses absences prolongées...

(*Piétro hoche la tête et semble l'approuver.*)

LOREZZO.

Juge mieux de lui ; le nom, l'éclat de sa puissante famille pouvaient le faire aspirer aux premières dignités de l'Etat, et cependant son cœur n'est occupé que de toi, qui n'es encore à ses yeux que la fille du négociant Alberti.

ACTE I, SCÈNE IV.

PIÉTRO.

Quoi qu'il en soit du jour de votre départ, monsieur le comte, quand le moment vous paraîtra favorable, mon cœur, mon bras, ma barque, tout sera à votre service. Je n'oublierai jamais que, sans vous, ma vieille et bonne mère serait morte de misère.

LOREZZO.

On vient.

PIÉTRO, *à Antonia.*

Moi, je me rends à Venise où je suis attendu.

(*Il sort.*)

SCÈNE V.

STÉPHANO, ANTONIA, LOREZZO, FLORETTA,
arrivant par le fond.

FLORETTA, *de loin et gaîment.*

Cousine! cousine! voilà le seigneur Stéphano. Mais qu'est donc devenu ce pèlerin? je le cherche partout... Que vois-je, mon oncle?

(*Il s'est avancé; elle l'embrasse. — Antonia va au-devant de Stéphano.*)

STÉPHANO, *entrant.*

Antonia... (*Elle lui montre son père.*) Que vois-je? monsieur Alberti! Vous avez voulu nous surprendre par votre prompt retour?

LOREZZO.

Oui, mes amis, j'étais impatient de me retrouver au milieu de vous.

FLORETTA, *se glissant près de lui.*

Garde à vous, monsieur! Vous allez être bien grondé, car depuis quelques jours, nous sommes très mécontentes de vous*.

ALBERTI, *en souriant.*

Oui, mon ami; mais je crois que la justification vous sera facile.

---

* Floretta, Stéphano, Antonia, Lorezzo.

STÉPHANO, *à Antonia, en lui baisant la main.*

Ma chère Antonia ! vous le savez bien, les instans que je passe loin de vous sont perdus pour mon bonheur.

ANTONIA, *avec tendresse.*

Il m'est permis, peut-être, d'en douter.

STÉPHANO, *avec un léger embarras.*

D'importans intérêts m'ont occupé. De plus, le seigneur Donati, l'un de mes amis, a réclamé mes bons offices pour une négociation...

ANTONIA, *souriant.*

Auprès de la duchesse de Mendeli, sans doute? car c'est surtout vers son palais que vous avez souvent dirigé vos pas, depuis plusieurs jours.

STÉPHANO, *surpris.*

Quoi ! vous savez...

FLORETTA, *avec malice.*

Oui, nous savons tout. Nous l'avons appris par hasard; et puis, je l'ai demandé ! Mais, cousine, la duchesse est moins jolie que toi, et, je t'en prie, n'en sois pas jalouse pour l'honneur de la famille.

ANTONIA, *toujours avec défiance.*

Et cette romance que vous ne daignez point nous faire connaître, mais que vous aimez tant à répéter lorsque vous êtes seul... le soir? la chantez-vous aussi pour d'importans intérêts?

STÉPHANO, *troublé.*

Cette romance... vous l'avez écoutée? Quelle importance y pouvez-vous attacher?

ANTONIA.

D'où vient que, la nuit, on y répond de l'autre rive?

FLORETTA, *malignement.*

L'écho, sans doute !...

STÉPHANO, *à part.*

On nous a entendus !...

ACTE I, SCÈNE V.

FLORETTA.

Oh! vous aurez beau dire, depuis quelque temps vous semblez vraiment être devenu un des invisibles.

(*Elle passe par derrière et revient à droite.*)

STÉPHANO, *cherchant à déguiser son trouble.*).

Un des invisibles!

LOREZZO, *d'un ton sévère.*

Ne plaisantons point, Floretta, sur des gens qui ont fait tant de mal; des hommes qui gouvernent un peuple, qui condamnent, qui proscrivent, et qui n'osent se montrer au grand jour!

FLORETTA, *avec mystère.*

Je le crois bien! L'on dit que si l'un d'eux se découvrait, ce serait fait de lui.

STÉPHANO, *à part.*

Ce n'est que trop vrai!

ANTONIA, *à mi-voix.*

On dit qu'ils ne se rassemblent que la nuit, et jamais dans le même endroit.

FLORETTA.

Et les gens qui se cachent sont toujours des méchans.

LOREZZO, *en souriant.*

Il y a des exceptions.

FLORETTA, *à part, riant.*

Ah! mon Dieu! j'oubliais que mon oncle garde encore l'incognito.

STÉPHANO.

Cependant les circonstances difficiles où ils se sont trouvés... Il est parmi eux des hommes...

LOREZZO, *avec feu.*

Vous oseriez les défendre!

ANTONIA, *d'un ton caressant.*

Oh! non, mon père!

LOREZZO.

Stéphano, quoique étranger aux factions, craignez cependant de vous laisser abuser par elles ! Le nom que vous portez peut vous aveugler ; mais, songez-y bien, l'ami des Dix ne serait jamais l'époux de ma fille.

STÉPHANO, *à part.*

Ah ! grands dieux ! s'il savait...

SCÈNE VI.

LES MÊMES, UN DOMESTIQUE ; *puis* DONATI.

LE DOMESTIQUE, *annonçant du fond.*

Le seigneur Donati.

ANTONIA, *à mi-voix.*

Encore ce Donati !

FLORETTA.

Cousine, n'en disons pas de mal ; c'est le meilleur danseur de Venise... Oh ! je suis allée aux informations.

LE DOMESTIQUE, *tenant la gauche, à Stéphano.*

Il demande à vous parler de la part de l'amiral Emilio.

ANTONIA, *bas.*

L'un de vos ennemis, mon père.

STÉPHANO, *à part, avec humeur.*

Que vient-il faire ici ?

(*Il va pour sortir.*)

LORENZO, *à sa fille.*

Tu oublies... (*haut.*) Stéphano, nous nous reverrons.

(*Il sort par la droite du public.*)

STÉPHANO.

Ne vous éloignez pas ; il n'y a aucun mystère entre lui et moi... un message que je dois lui remettre. (*au domestique.*) Va lui dire de m'attendre sur la terrasse. (*à part, en entrant chez lui par la porte à gauche.*) Je vais le renvoyer.

LE DOMESTIQUE, *aux dames.*

Mais le voilà qui entre.

(*Il sort.*)

SCÈNE VII.

DONATI, ANTONIA, FLORETTA.

RECITATIF.

DONATI, *à Antonia, après avoir salué.*

Quoi! Stéphano, votre futur époux,
Signora, n'est pas près de vous?
Pardon! il m'a fait part du beau jour qui s'apprête,
Et vous êtes notre conquête;
Vous qu'un vénitien enchaîne parmi nous.

(*Il descend la scène.*)

TRIO.

DONATI.

L'hymen à Venise vous lie;
Venise par vous embellie,
Par les jeux, les chants, la folie,
Devra fêter un si beau jour.

ENSEMBLE.

L'hymen à Venise, etc.

ANTONIA, *à elle-même.*

Je le sens déjà, ce langage
A mon cœur rend quelque courage...

FLORETTA, *à Donati, avec un petit soupir.*

Vous parlez là de mariage!

DONATI, *la regardant tendrement.*

J'aimerais mieux parler d'amour!...
Oh! doux avenir d'amour,
Tu nous promets un beau jour.

ANTONIA, *pensive.*

Quel doux espoir
J'ose entrevoir...
Rêves si doux,
Me trompez-vous?...

FLORETTA, DONATI.	ANTONIA.
Bannis donc / Bannissez les alarmes ;	Banissons les alarmes ;
L'amour a tant de charmes,	L'amour a tant de charmes,
Que, même au sein des larmes,	Que, même au sein des larmes,
Il nous montre un plaisir!	Il nous montre un plaisir!
Par lui plus de souffrance,	Renais, douce espérance!
Le cœur plein d'espérance	Par toi l'ame en souffrance
Rêve amour et constance,	Rêve amour et constance,
Dans un doux avenir.	Dans un doux avenir.

SCÈNE VIII.

LES MÊMES; STÉPHANO, *tenant un parchemin.*

STÉPHANO, *à Donati.*

Ah! mon cher Donati, voici ce que tu désirais. Je te prie de le remettre.

(*Il semble vouloir le reconduire.*)

DONATI, *sans faire attention.*

Reçois mes complimens, mon cher ami. (*en désignant Antonia.*) Ton bonheur est beaucoup plus grand que je ne l'espérais.

FLORETTA, *à Antonia.*

N'est-ce pas qu'il est aimable?

DONATI, *bas et vite, à Stéphano.*

Emilio, Stello, Manfredi et les autres, me suivent.

STÉPHANO, *à part, sur le devant.*

O ciel! si Alberti pouvait soupçonner... Antonia serait perdue pour moi! (*à mi-voix, à Donati.*) Je ne puis les recevoir; va leur dire.

DONATI, *bas, et sans changer de place.*

Impossible! On a décidé qu'on se rassemblait chez toi ce soir; ils vont venir.

ANTONIA, *avec un peu de dépit, à part.*

Encore des secrets! (*à Floretta.*) Rejoignons mon père, Floretta. (*Elle passe la première par la droite.*)

ACTE I, SCÈNE VIII.

FLORETTA, *à mi-voix, à Stéphano.*

Vous ne resterez pas long-temps ici?

STÉPHANO.

Je vous suivrai bientôt.

(*Il redescend à droite.*)

DONATI, *les saluant de loin.*

Je mets à vos pieds mes hommages.

SCÈNE IX.

DONATI, STÉPHANO.

DONATI, *les regardant partir.*

Fort jolies!... fort jolies! parole d'honneur!

STÉPHANO, *vivement.*

Qu'y a-t-il donc encore de nouveau?

DONATI, *légèrement.*

Je ne sais... quelque sentence à prononcer, je crois.. contre qui? je l'ignore.

STÉPHANO, *vivement.*

Encore!... ah! maudite soit cette funeste union!

DONATI.

Comment? toi, Strozzi, l'un des premiers membres du tribunal invisible, toi, notre président, parler ainsi!

STÉPHANO.

Ah! si cela m'eût été possible, depuis long-temps j'aurais renoncé au fatal honneur qu'on m'a forcé d'accepter.

DONATI.

Pourquoi donc cela? le pouvais-tu? n'est-ce point au nom des Strozzi que Faliéro fut renversé?

STÉPHANO.

Oui, mais ce nom me coûtera peut-être le bonheur! (*Donati paraît surpris.*) Ma conduite mystérieuse a éveillé les soupçons d'Antonia. Elle croit voir une rivale dans cette duchesse de Mendelli, qui n'a d'autre passion dans le cœur que l'ambition.

DONATI, *gaîment.*

Elle est jalouse? tant mieux! Eh! qu'est-ce donc que la vie, si on ne l'entremêle d'émotions, d'espérances, de craintes, de plaisirs, de fêtes, de politique! la patrie n'a-t-elle donc pas aussi ses droits sur nous? Prends gaîment ton parti, et fais comme moi.

RONDEAU.

Non, non, jamais de tristesse,
Gaîment portons, ami,
L'écharpe d'une maîtresse
Et l'étendard d'un parti.

Folie et sagesse,
Devoir et tendresse,
Occupent sans cesse
Mes graves loisirs;
Voilà ma devise,
Que de moi l'on dise:
Fidèle à Venise,
Ainsi qu'aux plaisirs.

Folie et sagesse,
Devoir et tendresse,
Occupent sans cesse
Mes graves loisirs.

De vingt beautés pleines de charmes,
Tous les jours je suis les pas.
Mais si j'entends crier aux armes!
Adieu l'amour, vite aux combats!...
S'il faut signer l'arrêt d'un traître,
Le sort le veut, il périra!
Force à la loi!... demain peut-être
Mon tour viendra.
Mais, en attendant ce jour-là...

Folie et sagesse, etc.

(*Pendant cette dernière reprise Stéphano a remonté la scène, et il écoute au fond à gauche près du passage secret.*)

DONATI.

Mais, mon ami, qu'as-tu donc? tu ne m'écoutes pas?

ACTE 1, SCÈNE IX.

STÉPHANO, *écoutant et à mi-voix.*

Attends... il me semble avoir entendu au dehors...

DONATI, *bas.*

Voici l'heure ; ils doivent être arrivés près de ton passage secret... donne-moi ta guitare. (*Il la prend sur la table.*)

(*Stéphano ouvre la porte secrète qui laisse apercevoir un passage et un escalier obscur. Donati se place sur le seuil : il prélude et commence un air. On entend une autre mandoline qui l'achève derrière la coulisse de gauche.*)

STÉPHANO, *agité et regardant à sa gauche.*

Voilà cet air fatal qui trouble la confiance d'Antonia !

DONATI, *à mi-voix.*

Le signal du ralliement !... ils sont là... Qu'on dise encore que la guitare n'est pas une puissance à Venise !

(*Il la dépose sur la table, et va, ainsi que Stéphano, fermer les portes du fond. A ce moment on lève la gaze ; demi-rampe ; musique mystérieuse et sourde, pendant laquelle on voit les membres du tribunal monter par l'escalier souterrain.*)

SCÈNE X.

LES MÊMES, BULGARI *et* SEPT AUTRES, ENSUITE EMILIO.

Ils sont en costume élégant, quelques-uns recouverts de larges chapeaux et de manteaux de couleur sombre. Bulgari, enveloppé d'un manteau, paraît le premier, il dépose une guitare. Arrivent les huit membres du tribunal invisible qui descendent lentement, et en ligne oblique, depuis la porte secrète jusque sur le devant à droite. Stéphano, tournant le dos au public, les salue de la main droite et ensuite la place sur son cœur. Tous les autres répètent ensemble ce signe de reconnaissance. Emilio arrive le dernier, tenant un rouleau à la main. Pendant cette entrée, Bulgari a avancé la table qui est à gauche, il place six sièges et dispose une urne pour les votes.

STÉPHANO, *agité.*

Quelle imprudence ! venir chez moi ; vous savez que la

jouissance de cette maison m'est commune avec le négociant Alberti. Si l'on nous épiait...

(*Bulgari reste près de l'escalier, ferme la porte, puis va faire sentinelle au fond.*)

ÉMILIO, *à droite.*

Pour rester inconnu, notre tribunal invisible ne saurait changer trop souvent le lieu de ses séances.

DONATI, *à gauche.*

C'est bien assez d'avoir toujours notre quartier-général chez la duchesse de Mendelli.

(*Il va voir à la table si tout est disposé.*)

STÉPHANO.

Qu'y a-t-il enfin ?

ÉMILIO.

Bulgari, veillez autour de nous ! (*à Stéphano.*) Vous n'ignorez pas que le comte Lorezzo était à Brescia, d'où il est parvenu à s'échapper ?

STÉPHANO.

Eh bien ?...

ÉMILIO.

Malgré l'arrêt que nous avions porté contre sa liberté, il a pu encore trouver un asile !... il faut frapper un coup d'autorité.

STÉPHANO.

Je ne connais point le comte Lorezzo, et n'ai nulle raison de le défendre ; mais craignons de paraître odieux. Il faudra bientôt rendre compte de nos actes, et mettre nos noms au grand jour, ne les souillons pas par une cruauté inutile.

ÉMILIO, *en parlant aux autres.*

Et c'est un Strozzi qui parle ainsi ! Stéphano, nous avons embrassé les intérêts de votre famille, marchez donc avec nous ; et ne cherchez point à ralentir nos pas.

STÉPHANO.

Les dangers peuvent renaître : vous me jugerez alors, Emilio ! la marche la plus prompte n'est pas toujours la plus sûre...

ACTE I, SCÈNE X.

DONATI.

Allons, allons, messieurs, abrégeons; j'ai rendez-vous au Broglio, à dix heures... récapitulons... Lorezzo servait les intérêts de Faliéro contre la noblesse vénitienne...

ÉMILIO, *avec feu.*

Il y a peu de jours encore il a soulevé Brescia. Cet agent mystérieux est d'autant plus à craindre qu'il a su rester inconnu dans Venise : c'est le dernier de nos ennemis, l'exil ou la mort doit nous en délivrer. Il est la cause de tous nos malheurs, prévenons-en le retour. La séance est ouverte.

(*Bulgari pendant le dialogue précédent, a placé la table à peu près au tiers du théâtre, des siéges ; disposé le papier, les plumes. Ils prennent place : Emilio est assis au milieu, Donati est à gauche, debout; Stéphano est assis à droite.*)

FINAL.

CHOEUR.

Appliquons, au nom de tous,
Une loi terrible,
Et qu'ici chacun de nous
Se montre inflexible.
Nous devons du tribunal
Bannir l'indulgence ;
Proclamons un droit fatal :
Justice et vengeance.

STÉPHANO.

Ne précipitons rien, amis, je vous conjure !...

CHOEUR.

Aux voix ! aux voix !

STÉPHANO.

Si l'honneur nous conduit, si notre cause est pure,
Sans excès soutenons nos droits.

CHOEUR.

Aux voix ! aux voix !

(*Ici les membres mettent leur boule dans l'urne.*)

STÉPHANO.
Dieu puissant, dieu de clémence,
Par pitié, par pitié, secourez-nous!...
La justice et non la vengeance
Doit seule diriger nos coups.

DONATI.
Moi, je suis fort pour la clémence;
Mais Venise a les yeux sur nous.

(*Il met sa boule.*)

ÉMILIO.
Vous, Stéphano, songez à la patrie,
Songez à ceux qui l'ont trahie.
(*ouvrant l'urne.*)
Du traître Lorezzo je proclame le sort :
Un seul est pour l'exil, les autres pour la mort.

CHOEUR.
Eh bien! la mort!

STÉPHANO.
Quoi! la mort!

CHOEUR.
Oui, la mort!...

STÉPHANO.
Arrêt cruel! écoutez, écoutez...

CHOEUR.
Allons, signez! allons, signez!

STÉPHANO, *se levant et passant à droite.*
Non, jamais! non, jamais! jamais!...

CHOEUR, *ils se lèvent tous et le bras tendu.*
Et ton serment?
Appliquons, au nom de tous, etc.

(*Pendant cette reprise ils se sont dispersés un peu en scène.*)

ÉMILIO.
Vous, président, signez!

STÉPHANO, *désolé.*
Le tribunal l'emporte!

DONATI, *allant à lui et cherchant à le décider.*
La chose est peut-être un peu forte!

ACTE I, SCÈNE X.

Heureusement nous ne le tenons pas!
(*Il le ramène à la table où il signe.*)

BULGARI, *qui écoutait à droite du public, s'avance avec mystère.*
Silence, ici quelqu'un porte ses pas!

CHOEUR, *regagnant le côté de la porte secrète.*
Éloignons-nous avec mystère!

STÉPHANO, *qui est allé vers la droite, revient et les arrête.*
Il n'est plus temps... restez!

(*Pendant ceci, Bulgari rouvre les portes; on relève la rampe.*

SCÈNE XI.

LES MÊMES, LOREZZO, *ensuite* ANTONIA *et* FLORETTA.

LOREZZO, *entrant, paraît d'abord surpris et se remet aussitôt.*
Pardon, messieurs; excusez, je vous prie...
(*à Stéphano qui paraît contraint.*)
Je ne vous savais pas nombreuse compagnie.

DONATI.
Monsieur, pardonnez-nous ici;
Chez notre ami
Nous sommes accourus tous au bruit d'une fête.

LOREZZO, *montrant Antonia et Floretta qui entrent.*
C'est celle de ma fille; à l'instant, on l'apprête:
Daignez, messieurs, en être les témoins.

(*Après s'être avancés, avoir salué Lorezzo et causé entre eux, les membres du tribunal se réunissent en groupe, à gauche.*)

CHOEUR, *à mi-voix.*
Ne négligeons rien en ce jour,
Frappons! l'honneur nous y convie;
Et des fléaux de la patrie
Sachons prévenir le retour!

DONATI, *saluant.*
Pour moi, j'accepte avec reconnaissance.

LOREZZO.
Cédez à mes vœux en ce jour.

DONATI, *à part.*
J'ai bien assez, certes, de la séance ;
Le bal a droit à tous mes soins.
FLORETTA.
Il nous reste, tant mieux, je danserai du moins.
DONATI.
Le bal nous invite.
ÉMILIO, *bas, au milieu de ses amis.*
Séparons-nous vite.
CHOEUR.
Mais où, de nouveau,
Serons-nous ensemble?...
ÉMILIO, *bas, donnant le mot d'ordre.*
Près du Rialto.
CHOEUR.
Quel mot nous rassemble?
ÉMILIO.
Quel mot nous rassemble?...
« Mort à Lorezzo! »
LOREZZO.
Comblez mes désirs.
ÉMILIO.
Non, le devoir m'appelle.
CHOEUR *des membres du tribunal, se prenant la main à la dérobée.*
Point de grace au rebelle !
DONATI.
Honneur aux plaisirs!
Ah! mes amis, acceptez, je vous prie ;
Restez, restez en ce séjour!
Dans ce jour, honneur à Venise!
Là, les plaisirs sont réunis;
Chacun y rit, et chante, et se déguise...
De la gaîté, c'est le pays !
STÉPHANO, *à lui-même.*
Le bonheur n'est plus à Venise!...
Non, le bonheur n'est plus à Venise!

ENSEMBLE.

ANTONIA, FLORETTA, DONATI, LOREZZO.	STÉPHANO, *à lui-même.*
En ce jour, honneur à Venise !	Le bonheur n'est plus à Venise...
Là, les plaisirs sont réunis ;	Cependant nous serons unis ;
Chacun y rit et chante et se déguise :	Et si le sort nous favorise,
De la gaîté c'est le pays !	Nous vivrons loin de ce pays.

(*Membres du tribunal, Bulgari, Emilio, Stéphano, Lorezzo, Antonia, Floretta, Donati.*)

CHOEUR *du tribunal, se tenant la main.*

Compagnons, honneur à Venise !
Honneur, honneur à vous, amis !
Toujours l'Eternel favorise
Qui veut le bien de son pays !

Montrons notre zèle ;
Point de grace au rebelle.

LOREZZO.	DONATI.
Comblez nos désirs, etc.	Honneur aux plaisirs, etc.

CHOEUR.

Compagnons, honneur à Venise ! etc.

FIN DU PREMIER ACTE.

ACTE II.

Le théâtre représente une vaste galerie ornée de vases, de statues, de fleurs, de girandoles, de lustres allumés; au fond, une terrasse praticable ornée d'un balcon à hauteur d'appui; au-delà, la mer qui occupe un plan, plus loin, une partie de Venise, et un rideau de ciel éclairé par la lune. Verres bleus, dans les dernières coulisses, éclairage entier pour la galerie. A gauche du public, au troisième ou quatrième plan, un grand étui de harpe, quelques siéges, etc.; la salle de bal est censée à gauche; le vestibule des autres appartemens à droite.

SCÈNE PREMIÈRE.

ANTONIA, *seule en toilette de bal; elle entre rêveuse*

AIR.

Non, non, Strozzi; mon cœur t'offense!
Fuyez, soupçons jaloux!
Car un jour plus doux
Luit bientôt pour nous!
Reviens, douce espérance!
Bientôt son nom, son cœur, sa foi,
Seront à moi!
Cependant, quand tout me rassure,
Malgré moi je me sens frémir...
Dis-moi, Stéphano, serais-tu parjure?...
Stéphano! Stéphano! pourrais-tu me trahir?
Et me haïr?

Non, non, jamais; pour le rang, la grandeur
L'amour dans son cœur
Pourrait-il s'éteindre?
Peut-il être inconstant?

ACTE II, SCÈNE I.

Lui, que j'aime tant!
Lui, qui m'aime tant!...
Je sens à mon transport,
Qu'aujourd'hui du sort
Je n'ai rien à craindre.
Cachons à tous les yeux
En ces lieux
Ce qui fait mes ennuis;
Car, je puis
Rêver un sort bien doux,
Oui, bien doux.
Il sera mon époux!
En puis-je donc douter?
Pourquoi redouter
L'heure qui s'avance?
Oui... quel doux avenir,
Bonheur et plaisir!
Hymen et constance,
Sur nos destins, ah! veillez tous!
Et vous, fuyez, soupçons jaloux!
Éloignez-vous,
Soupçons jaloux!

SCENE II.

FLORETTA, *en toilette simple*, ANTONIA.

FLORETTA, *d'un ton boudeur*.

Ah! ma cousine; c'est fort heureux! je te retrouve! Je crois vraiment que tu n'as que ton amour en tête; c'est bien là le moment! Le jour d'un bal, on se doit à tout le monde!...

ANTONIA.

Voyons, Floretta, ne te fâche pas; à quoi puis-je t'être utile?

FLORETTA, *avec dépit*.

Oh! mon Dieu, rien. Seule, je suffirai à tout pour la fête, et seule j'en aurai la gloire.

UN VALET, *arrivant du fond par la droite; il porte sur le bras différens déguisemens de bal; une robe de pèlerin se trouve par-dessus les autres.*

Signora, voilà les costumes que j'ai pu trouver dans la maison.

(*Il les place sur le dos d'un siége qui se trouve placé près de l'étui de harpe.*)

FLORETTA.

Oui, oui, pour les négligens qui viendront sans se déguiser... Qu'est-ce que c'est donc que ça? une robe de pèlerin, pour un bal!...

(*Au mot de pèlerin on voit s'entrouvrir la harpe avec mystère.*)

ANTONIA, *à part.*

Je ne me trompe pas! c'est celle que portait mon père ce matin.

FLORETTA.

Je ne danserai certainement pas avec celui qui mettra un costume aussi peu galant...

(*Deux domestiques entrent par la droite, l'un porte des guirlandes de feuillage, de fleurs, et l'autre des instrumens de musique.*)

SECOND DOMESTIQUE.

Et ces décorations de feuillage, où voulez-vous qu'on les place?

FLORETTA, *haussant les épaules.*

Mais c'est dans la galerie qu'il faut les mettre; tenez, ici. (*Elle leur désigne la galerie à gauche du spectateur. Tandis que les valets ont le dos tourné, on a vu sortir de l'étui de harpe un bras qui a saisi la robe de pèlerin et l'a emportée dans l'étui qui s'est refermé.*) Ces gens-là n'ont pas plus d'idées!.. Si je ne me mêlais pas de tout...

ANTONIA, *qui s'est approchée de la chaise où sont les costumes.*

Eh bien! cette robe où donc est-elle?

FLORETTA.

Comment! elle a disparu... tant mieux! c'est sans doute

Giaccomo qui l'a emportée, il a bien fait! Viens, Antonia, viens visiter mes salles de bal, et juger si j'ai du goût.

   ANTONIA, *en suivant Floretta.*

C'est singulier! cette robe...

   FLORETTA, *en entrant la première à gauche..*

Tu y penses encore... viens donc. (*Elles sortent.*)

SCÈNE III.

BULGARI, *seul; on le voit sortir avec précaution de l'étui de harpe qui s'ouvre doucement.*

Ouf! me voilà!... Je puis prendre l'air un moment. (*Il regarde.*) Tout à l'heure, pour éviter les regards de Piétro, il a fallu me jeter là-dedans; mais je ne pousse pas le dévouement jusqu'à vouloir étouffer pour le salut de la république! Au reste, je crois que ma chasse sera bonne. Je suis sur une piste qui promet d'être excellente! et sans s'en douter, mon ancien camarade Piétro m'a mis sur la trace... Lorsqu'en buvant avec lui à la taverne, je le questionnai sur cet Alberti, ce négociant amateur, son trouble qu'il voulait en vain déguiser... puis ce pèlerin qui vint ici ce matin, et dont il ne reste plus que la robe... Bien certainement, il y avait quelque chose là-dessous... elle sent le proscrit! Si ce Napolitain Alberti n'était autre chose qu'un agent du comte Lorezzo! si... qui sait!... peut-être?... Oh! non! ne précipitons rien; guettons, écoutons, observons encore, et... (*Il regarde à gauche.*) L'on vient; je ne tiens pas à ce qu'on me voie ici. (*Il se glisse derrière l'étui de harpe, et quand Donati et Floretta sont sur le devant, il sort par la droite en se cachant.*)

SCÈNE IV.

FLORETTA, DONATI, *en costume brillant; il arrive par le fond à droite.*

   FLORETTA, *entrant par la gauche à reculons.*

Là, c'est bien comme cela... voilà un très joli coup d'œil.

DONATI, *qui vient se placer près d'elle.*

En effet...

FLORETTA.

Eh quoi! déjà, c'est vous, seigneur Donati?

DONATI.

Oui, charmante Floretta, partout où vous serez... ce sera toujours moi! Peut-on ne pas être attiré par tant de graces, de gentillesse?

FLORETTA.

Des complimens?... oh! d'abord, je vous avertis que je les déteste; ce n'est pas le moyen de me faire la cour.

DONATI, *gaîment.*

Non... Eh bien, alors je ne vous trouve pas jolie.

FLORETTA.

Plaît-il?

DONATI.

Vos yeux manquent de vivacité, de finesse... vous êtes trop petite, trop...

FLORETTA.

Par exemple! mentir pour mentir, monsieur, j'aime encore mieux l'autre manière.

SCÈNE V.

DONATI, ANTONIA, FLORETTA, STÉPHANO.

ANTONIA, *préoccupée, entre sans les voir.*

Il revient encore de chez cette duchesse de Mendelli...

FLORETTA, *la montrant de loin à Stéphano.*

Tenez, ma cousine... voyez qu'elle est bien, quelle jolie parure!

DONATI, *saluant.*

C'est à porter envie au sort de l'heureux Stéphano!

FLORETTA, *à Antonia, avec grace.*

Allons, ne baisse pas les yeux, on sait que tu es sa fiancée, et que dans quelque temps... tu vas devenir *madame... madame!...* Quel joli mot! je l'aime bien mieux que celui de *mademoiselle*; il est si froid... Enfin, c'est vrai...

à une reine, on ne trouve pas de plus beau, de plus doux titre à donner que celui de *madame*... Embrasse-moi, cousine... Les baisers d'une fiancée doivent porter bonheur !

DONATI.

Ah ! combien le seigneur Alberti doit se féliciter d'avoir une telle famille ! D'honneur, on ne trouverait pas deux femmes plus jolies dans toute la république !

ANTONIA, *avec intention.*

On parle cependant beaucoup de la duchesse de Mendelli ?

DONATI.

Oh ! grandeur sans majesté, beauté sans grace.. mais riche ! mais puissante ! entourée d'adorateurs, de flatteurs, d'imposteurs ! Moi-même, je l'avoue, j'ai fait pour elle des vers charmans, dont je ne pensais pas un mot !... mais que voulez-vous ? une femme dont l'époux sera doge... cela éblouit !

ANTONIA, *vivement émue et passant devant Floretta.*

L'époux de la duchesse ! il sera doge ?

DONATI.

Sans aucun doute ! Depuis long-temps, tout ne s'est fait que par elle dans Venise... Parente ou alliée de nos principaux sénateurs, elle a disposé des premiers emplois de la république, et l'heureux époux qu'elle choisira recevra, avec sa main, la toque ducale.

ANTONIA, *à part.*

Dieu ! quelle idée ! (*haut.*) Et... qui nomme-t-on ?

DONATI, *avec légèreté.*

L'aurore prochaine éclaircira sans doute ce mystère ; jusqu'à présent, je l'ignore.

ANTONIA.

Comment ! on ne soupçonne pas quel est l'objet de sa préférence ?

FLORETTA.

Mais que t'importe, cousine ?

ANTONIA, *vivement préoccupée.*

Laisse-moi.

DONATI, *d'un ton de confidence.*

Entre nous, je crois l'avoir deviné; et j'ai tout lieu de croire que le futur doge sera de nos amis.

FLORETTA, *qui regarde à gauche en sautant de joie.*

Ah! mon Dieu! voilà le bal qui commence.

DONATI, *vivement.*

Charmante Floretta, laissons les idées de grandeur et de politique; les émotions des guerres civiles sont bonnes dans la jeunesse; mais, ma foi, je me fais vieux, et dorénavant je veux être sage, ne plus songer qu'aux concerts, aux bals, et surtout à ma réputation du meilleur danseur des Etats-Vénitiens. (*Il fait quelques pas.*) Depuis quelque temps, mon renom décroît; aujourd'hui même, je veux le reconquérir. (*Il fait encore une pirouette et offre la main à Floretta.*) Divine Napolitaine, je vous associe à ma gloire.

(*Donati et Floretta sortent par le côté gauche.*)

SCÈNE VI.

ANTONIA, *seule, profondément agitée.*

L'époux que se choisira la duchesse... il sera doge!... Ah! si je l'avais deviné... Cette femme viendra donc toujours s'offrir à moi comme un fantôme ennemi de mon bonheur!

SCENE VII.

ANTONIA, PIETRO, LOREZZO.

PIÉTRO, *avec agitation.*

Ah! signora, prêtez-moi votre aide pour décider votre père à s'éloigner de ces lieux, car, de nouveau, le volcan est sous ses pas; on est sur les traces du faux pélerin.

LOREZZO.

Errer encore en fugitif!... non, personne ne peut soupçonner quel rapport existe entre Alberti et Lorezzo.

ACTE II, SCÈNE VII.

PIÉTRO, *baissant la voix.*

Et si aujourd'hui, à Venise, au *Vaisseau-Amiral*, un agent des Dix, le plus infernal d'entre eux, m'avait questionné sur vous?

LOREZZO.

Assez clairement pour t'alarmer?

PIÉTRO.

Assez clairement pour que depuis ce moment je me sois senti un horrible désir de le rendre à jamais silencieux. Cet homme est parmi nous, à la fête... je l'ai reconnu sous son domino bleu... il est ici. (*à part.*) Il n'en sortira pas, je le jure! (*haut.*) Plusieurs de vos domestiques viennent d'être interrogés par lui; une forte récompense a été promise à qui découvrirait le comte Lorezzo.

ANTONIA.

Toujours trembler pour vous, mon père!... Mais vous serait-il possible de fuir encore?

LOREZZO, *réfléchissant.*

Rassure-toi; les officiers chargés de la garde du canal, attirés et retenus au bal par les soins de Piétro...

PIÉTRO.

Seront nos prisonniers! ils ne pourront même nous faire poursuivre, car au moment de notre départ, tous les gondoliers seront sur l'autre rive.

ANTONIA.

Hélas! sans vous, que vais-je devenir?

ALBERTI.

Je ne quitterai ces lieux qu'après t'avoir donné un protecteur, un appui... Ce soir Stéphano sera ton époux.

ANTONIA.

Comment?...

ALBERTI.

Il le faut! Ce nom de Strozzi que tu vas porter sera assez puissant pour te défendre. Le moment est venu où Stéphano doit apprendre de ma bouche, et mon nom et mes malheurs.

ANTONIA.

Stéphano!...

ALBERTI.

Je l'ai fait prier de se rendre ici sur-le-champ.

PIÉTRO, *en remontant la scène.*

Il vient de s'enfermer avec l'amiral Emilio qui paraissait très pressé de l'entretenir ; mais il ne peut tarder.

ANTONIA, *à part.*

Toujours cet Emilio, le beau-frère de la duchesse!

PIÉTRO, *allant vers le fond.*

Miséricorde!... le rivage est couvert de barques!... le maudit domino bleu s'entretient avec des gondoliers! (*redescendant.*) Il se trouve parmi eux des misérables plus occupés de police que de marine. Il faudrait cependant passer au milieu d'eux ; mais ce soir ils vous reconnaîtront à la lumière des fanaux...

TRIO.

ANTONIA.	LOREZZO.
Rester, sans vous voir partir,	Comment faire? que devenir?
Hélas! pour moi, quel avenir!	De ce danger comment sortir?
Dieu puissant, toi que j'implore,	Pour ma fille je t'implore,
Ah! protége-nous encore!	Dieu! protége-nous encore!
Comment faire? pourrez-vous fuir?	Mais de ces lieux comment sortir,
De ce péril comment sortir?	Et ces dangers comment les fuir?

PIÉTRO.

Oui, ce projet peut réussir ;
De ce danger il faut sortir,
Il faut fuir avant l'aurore,
Et nous le pourrons encore ;
Ce soir, j'espère y parvenir,
Et de ces lieux vous voir sortir.

PIÉTRO, *se frappant le front ; il tient le milieu.*

(*Parlé.*) J'y suis :

D'abord, de quel côté voguons-nous?

LOREZZO.

Rimini!

ACTE II, SCÈNE VII.

PIÉTRO.

C'est bien!... du gondolier vous prendrez le costume...

LOREZZO.

Des armes et de l'or...

PIÉTRO.

Et puis du vin aussi ;
Quand il ne rame pas, il boit, c'est la coutume.

ANTONIA.

Vous espérez ce soir?...

PIÉTRO.

Au milieu de la fête...

LOREZZO.

Oui, nous profiterons du désordre et du bruit..

PIÉTRO.

Seul, je vous attendrai... Ma barque sera prête...

LOREZZO.

Comment la reconnaître au milieu de la nuit?

PIÉTRO.

Au môle, elle sera sans fanal, à minuit!

ANTONIA.

A minuit?

LOREZZO.

A minuit!

PIÉTRO.

A minuit!

ANTONIA.

Dieu puissant! hélas! demain peut-être...

LOREZZO, *passant à sa fille.*

Rassure-toi... si ton père est proscrit,
Stéphano te protége !... en ces lieux un saint prêtre
Ici, pour vous unir doit venir cette nuit.

(*Dans ce moment on voit un domino bleu traverser furtivement le fond du théâtre de gauche à droite.*)

PIÉTRO, *tenant la droite.*

Je l'ai fait avertir, soyez prêts à minuit.

ANTONIA.

A minuit?

LOREZZO.

A minuit?

PIÉTRO.

A minuit!

ANTONIA, *se tournant à Piétro.*

Ah! sauvez! sauvez mon père!
En vous seul, vous seul j'espère,
Bon Piétro, conservez-le-nous.
Songez bien qu'à sa destinée
Une autre est encore enchaînée;
Piétro, je n'espère qu'en vous.

LOREZZO.

Par ton père abandonnée,
Que demain ta destinée
Trouve un appui dans un époux!

PIÉTRO, *qui était remonté vient au milieu.*

Je vous réponds de votre père,
Comptez sur moi, mon cœur espère.
Les dangers, je les brave tous;
Par ses bienfaits, ma destinée
A la sienne fut enchaînée...

(*au comte.*)

Je puis vivre ou mourir pour vous!

ENSEMBLE.

A ce soir, à minuit!
Tous les trois... et sans bruit!
A minuit! à minuit!

(*Piétro sort par le fond à droite.*)

SCÈNE VIII.

FLORETTA, *entrant par la gauche*, **LOREZZO**, **ANTONIA**.

FLORETTA, *de loin en les voyant.*

Ah! mon oncle! ma cousine! il faut avouer que vous faites bien peu d'honneur à ma fête; aussi déjà l'on s'étonne, on se plaint de ne pas vous y voir.

ALBERTI, *cherchant à reprendre un air calme.*

Nous allions nous y rendre à l'instant... (*à sa fille.*) Il le faut.

FLORETTA, *à Antonia.*

A la bonne heure; car enfin, tu es l'héroïne du bal; moi je n'en suis que l'ordonnatrice.

ALBERTI, *à Antonia.*

Je te charge d'annoncer toi-même à Stéphano la nouvelle de son bonheur, qu'il ne croyait pas si prochain.

FLORETTA, *vivement avec curiosité.*

Quelle nouvelle ! quel bonheur ! Allez-vous encore avoir des secrets pour moi?

ANTONIA.

Non, cousine;... c'est ce soir qu'on me marie.

FLORETTA.

Ce soir ! mais pour t'épouser ainsi en cachette?...

ALBERTI.

Nous t'expliquerons cela plus tard; viens ma fille... Floretta, sois discrète!

ANTONIA.

Oui, cousine, nous allons admirer ton ouvrage.

(*Ils sortent du côté du bal à gauche.*)

SCENE IX.

FLORETTA, *seule les regardant aller en hochant la tête.*

Très bien, très bien; un mariage secret! il ne me manquait plus que cela. Ainsi, me voilà seule chargée définitivement de tous les soins de la fête; vraiment c'est à en perdre la tête.

RÉCITATIF.

Ah! respirons un peu; combien la compagnie
Vraiment me cause de souci!
Qui le croirait? de la cérémonie
C'est moi seule qu... is le grand-maître aujourd'hui.

LE PROSCRIT,
RONDEAU.

Mais pour mériter ce beau titre,
Il faut se donner bien du mal;
Ah! surtout le premier chapitre,
Car, c'est le chapitre du bal.
En tout, moi, je me sacrifie.
Il m'a fallu d'une façon polie
Faire inviter par tous nos jeunes gens,
Les vieilles femmes, les enfans.
Mais aussi, pour ma récompense
J'entendais dire: « Excellent ton!
« Vraiment, on la croirait d'avance
« Une maîtresse de maison! »
Ah! monsieur, ah! vous êtes bien bon!
Une maîtresse de maison!

Mais pour mériter ce beau titre,
Il faut se donner bien du mal;
Surtout pour le second chapitre,
Car le concert suivra le bal.

Oui, bientôt je chante,
Et ma voix touchante
Peint les douleurs d'un pauvre amant,
Dans un air plein de sentiment.
Et puis, d'un ton encor plus tendre,
Du tourtereau je fais entendre
Le doux roucoulement...
Autour de moi je vois l'étonnement,
Chacun applaudit, se récrie...
Et dit: « Oui, c'est sans flatterie,
« Une virtuose vraiment! »
Ah! monsieur, ah! c'est trop de compliment!
Une virtuose, vraiment!

Mais pour mériter ce beau titre,
Il faut se donner bien du mal;
Surtout quand on devient l'arbitre
Du concert, ainsi que du bal!

SCÈNE X.

FLORETTA, UN DOMESTIQUE; BULGARI, *vêtu en moine.*

BULGARI, *à un domestique qui l'amène.*

Merci, mon frère. (*à part.*) M'y voilà.
(*Le domestique descend à gauche pour montrer le moine à Floretta.*)

FLORETTA, *apercevant les costumes.*

Quelle négligence! enlevez donc tout cela.
(*Elle semble le gronder, il en appelle un autre, et tous deux emportent l'étui de harpe et les costumes.*)

BULGARI, *à part descendant à droite, pendant ceci.*

J'ai fait mettre le vrai marieur en lieu de sûreté, pour quelque temps... et si je puis seulement escroquer une petite confession, ma conscience sera tranquille, et j'agirai en conséquence.

FLORETTA, *l'apercevant.*

Ah! mon Dieu!

BULGARI, *d'un ton patelin.*

N'ayez pas peur, ma fille. (*à part et se rapprochant.*) Si je pouvais savoir... (*haut.*) Je suis l'ami... (*avec mystère.*) du pélerin... que vous avez reçu hier.

FLORETTA, *à part.*

Oh! c'est le saint homme qui doit les unir.

BULGARI, *baissant la voix avec hypocrisie.*

Oui... Je suis aussi l'ami... du comte Lorezzo!

FLORETTA, *étourdiment et avec confiance.*

Quoi! vous êtes ami de mon oncle?...

BULGARI *à part, avec joie.*

Ah!.. me voilà sûr de mon fait!

FLORETTA, *se rapprochant.*

Comment! vrai? vous connaissez donc?...

BULGARI.

Dans notre saint ministère, on n'a pas de secrets pour nous!

FLORETTA.

C'est juste !.. (*se retournant et le prenant par le bras.*) Mais chut ! mon père !.. il ne faut pas parler de cela ici ; vous savez...à cause de leur vilaine politique !

BULGARI.

Je sais !... je sais !.. Mais pardon, mon enfant, je vais me mettre en prière, me retirer...

FLORETTA, *le retenant*.

Ah ! oui, dans la chapelle... Tenez ! voilà Piétro qui vient de vous en ouvrir la porte.

(*On voit Piétro, à droite du public, ouvrir la chapelle dont l'intérieur est éclairé, ou qui est censée dans la coulisse.*)

BULGARI, *à part, effrayé*.

Piétro !

FLORETTA, *allant à Piétro*.

Voici le prêtre ! il a l'air d'un bien brave homme. Conduisez-le... Moi, je retourne à la danse.

(*Elle sort par la gauche.*)

SCÈNE XI.

PIETRO, BULGARI.

PIÉTRO, *à part*.

Je n'ai pu revoir ce domino bleu... ce misérable Bulgari !... mais je le découvrirai !...(*Bulgari tâche doucement de sortir. Piétro l'arrêtant.*) Un instant, mon père, je désire vous parler.

BULGARI, *déguisant sa voix*.

C'est que je suis pressé

PIÉTRO.

Par Saint-Jacques, et moi aussi !... Je serai bref.

BULGARI, *se détournant*.

Que voulez-vous ?

PIÉTRO.

Votre bénédiction, d'abord.

ACTE II, SCÈNE XI.

BULGARI.

Je vous la donne, mon fils (*à part.*) Que le diable t'emporte! (*Il fait un nouveau mouvement pour sortir.*)

PIÉTRO, *le retenant.*

Écoutez-moi, mon père... six pièces d'or, c'est tout ce que je possède, je les donne à la chapelle de Notre-Dame-de-Rémission.

BULGARI, *tendant la main.*

Très bien, mon fils, je les remettrai.

PIÉTRO, *sans donner sa bourse.*

C'est pour m'obtenir une indulgence... Il me faut une absolution.

BULGARI, *vivement.*

Oh! vous avez commis un crime? (*à part.*) Il en est bien capable!

PIÉTRO, *qui a été voir s'ils étaient seuls.*

Non... j'en vais commettre un!

BULGARI.

C'est une absolution d'avance qu'il vous faut? Mais, de quel crime s'agit-il? Est-ce de trahir la confiance d'un ami?

PIÉTRO, *avec force, mais à mi-voix.*

Non, de le venger.

BULGARI.

Une vengeance?...

PIÉTRO.

Qui ne doit tomber que sur un misérable! un délateur! ce vil Bulgari qui, par trahison, en me faisant boire, a surpris dans ma voix, dans mes regards, une partie de mes secrets... A l'heure qu'il est, le sort de mon bienfaiteur est peut-être dans ses mains.

BULGARI, *à part, tremblant.*

Ah! mon Dieu!

PIÉTRO.

Il faut que je le tue, mon père... Je le tuerai! Oh! vous pouvez m'absoudre, c'est un service que je rendrai à mon pays.

BULGARI, *à part, plus effrayé.*

Merci ! je voudrais être bien loin ! (*haut.*) Mon fils, je ne puis vous permettre cela.

PIÉTRO, *fléchissant un genou et lui donnant de l'or.*

Quand j'aurai de l'argent je vous en donnerai encore.... Tenez, rien qu'un signe de croix sur ce stylet.

(*Il tire un poignard.*)

BULGARI, *très ému.*

Cachez donc cela ! Mais lâchez-moi donc... Puisque vous l'exigez... je vous absous... Je vous bénis, mon fils. (*à part*) Que l'enfer te confonde !

Ah ! merci, merci !...Tenez, mon père, voici les ducats.

BULGARI, *à part, tandis que Piétro va au-devant de Stéphano.*

Oh ! les scélérats !.. Mais je sais tout, je les tiens !... Ils ne peuvent m'échapper. (*Il sort vivement.*)

SCÈNE XII.

STÉPHANO, PIÉTRO, ensuite ANTONIA.

PIÉTRO.

Vous voilà enfin, seigneur !.. On a une bonne nouvelle à vous apprendre ; (*Antonia arrive par la gauche.*) mais on vous en instruira mieux que moi. (*Stéphano descend. Piétro passe près d'Antonia. — à mi-voix :*) Le prêtre est arrivé, minuit va sonner... Où est le comte !...

ANTONIA, *à mi-voix.*

Il va se rendre ici.

PIÉTRO.

Allons achever ma tâche. (*Il sort par le fond à droite.*)

SCÈNE XIII.

ANTONIA, STÉPHANO.

STÉPHANO.

Antonia... pardon, j'ai été retenu malgré moi... Combien j'étais impatient de me retrouver près de vous!

ACTE II, SCÈNE XIII.

ANTONIA, *avec mécontentement.*

Pourtant, vous semblez plutôt me fuir que me chercher.

STÉPHANO.

Douteriez-vous de ma tendresse?... Je le jure, par le Dieu qui m'entend, vous n'aviez d'autre rivale dans mon cœur que Venise... le salut, la prospérité de Venise.

ANTONIA, *d'un air de doute.*

Venise !... Mais le jour qui va naître aura, dit-on, décidé de son sort. La duchesse va partager sa nouvelle fortune avec un nouvel époux.

STÉPHANO, *vivement.*

Depuis long-temps j'ai désiré ce jour, Antonia ; il mettra fin à bien des tourmens. C'est alors seulement que je pourrai me dévoiler tout entier à vos yeux... C'est alors que vous connaîtrez mon amour.

ANTONIA.

C'est cependant aujourd'hui qu'il m'en faut la preuve ! Oui, Stéphano, mon père consent à devancer l'époque à laquelle il avait fixé notre mariage.

STÉPHANO.

Votre père.... (*à part.*) Ah! je ne puis le tromper... et lorsqu'il saura !...

ANTONIA.

Ce soir même, Antonia sera votre épouse.

STÉPHANO, *troublé, et vivement.*

Ce soir !... Non, non, de grace ! Demain, peut-être...

ANTONIA, *avec effroi, à elle-même, et reculant.*

Et demain Venise aura un nouveau doge !...

DUO.

ANTONIA.	STÉPHANO.
D'une terreur subite	Quelle terreur subite
Mes sens ont tressailli...	S'empare d'elle ici ?
Ah! quel soupçon m'agite!	Du soupçon qui l'agite,
Mon cœur est-il trahi ?	Ah! mon cœur a frémi !

STÉPHANO.

Ce soir, grand Dieu!... je vous supplie...
Que cet hymen soit différé!

ANTONIA.

Qu'avez-vous dit?... Oh! perfidie!
Il m'aimait!... il l'avait juré!

STÉPHANO.

Antonia! daignez m'entendre;
Mon nom m'impose un devoir rigoureux...

ANTONIA.

Votre nom!... je crois vous comprendre...
Strozzi, ton cœur n'est plus qu'ambitieux!

ENSEMBLE.

D'une terreur, etc.   Quelle terreur, etc.

SCÈNE XIV.

ANTONIA, LOREZZO, *arrivant par la gauche,*
STÉPHANO.

SUITE EN TRIO.

LOREZZO, *au milieu.*

Venez, mes enfans, le temps presse.

STÉPHANO, *bas à Antonia.*

Antonia, rassurez-vous!

LOREZZO.

Toi, Stéphano, tiens ta promesse,
Et plus heureux, je m'éloigne de vous!

STÉPHANO, *étonné.*

Ciel!.. nous quitter?

LOREZZO, *en confidence.*

Le sort l'ordonne;
Il me faut fuir!...

STÉPHANO.

Qu'avez-vous dit?...

LOREZZO.

Ton ame est généreuse et bonne...

ACTE II, SCÈNE XIV.

STÉPHANO.

Qui donc êtes-vous?

LOREZZO.

Un banni!

Le comte Lorezzo!

STÉPHANO, *reculant*.

(*avec accablement.*)

Grand Dieu!... tout est fini!

ENSEMBLE.

ANTONIA.	LOREZZO.
D'une terreur subite	Quoi! d'une horreur subite
Mon cœur a tressailli...	Il a semblé saisi!
Dieu! quel soupçon m'agite!	Dieu! quel soupçon m'agite...
Mon père est-il trahi?	Non, il est notre ami!

STÉPHANO.

Dieu! quelle horreur subite,
Lorezzo! je frémi!
Courons, courons bien vite,
Pour sauver un ami.

(*Il sort précipitamment par la terrasse du fond. Antonia et Lorezzo, étonnés, le suivent. Antonia s'arrête sur la terrasse et le regarde de loin. A ce moment, des masques de toutes façons arrivent par la gauche et poursuivent Donati.*)

SCÈNE XV.

DONATI, *vêtu en ménestrel et tenant un luth. Il est poursuivi par une troupe de masques qui veulent le forcer de chanter;* FLORETTA, ANTONIA *et* LOREZZO, *au fond.*

FINAL.

CHOEUR DE MASQUES.

Beau ménestrel, vous chanterez!
Allons, allons, vite en mesure!

DONATI.

Messieurs... Eh! mais, je vous assure
Que je ne puis...

FLORETTA.

Vous chanterez!

DONATI.

Je ne sais rien!

FLORETTA.

On vous conjure!...

DONATI.

Mon *sol*, mon *la* sont égarés.

CHOEUR.

Allons, allons, vite en mesure!
Beau ménestrel, vous chanterez!

DONATI.

Eh bien! je cède, je commence.

(*Il essaie de chanter avec affectation.*)

Pour la duchesse essayons ma romance,
Bientôt notre doge est élu ;
Cet air peut bien être connu.

(*Il joue la ritournelle sur son luth. Antonia, sur la fin du premier couplet, revient sur le devant, à droite. Elle s'arrête tout à coup en reconnaissant l'air composé par Stéphano, et qu'on a entendu jouer dans le final du premier acte.*)

DONATI.

ROMANCE.

Belle duchesse, en voyant tant de charmes,
Chacun de nous vous admire en ce jour ;
Pour moi, je tremble en vous rendant les armes,
Car le respect intimide l'amour.

ANTONIA, *à elle-même, frappée*.

Voilà cet air mystérieux
Que Stéphano chantait chaque soir en ces lieux.

DONATI.

DEUXIÈME COUPLET.

Si de mon cœur vous plaignez les disgraces,
Si vous m'offrez l'espoir d'un doux retour ;
Quittez l'éclat, mais conservez vos graces,
Car le respect est moins doux que l'amour!

CHOEUR DE MASQUES.

Beau ménestrel, bravo, bravo!

(*Pendant ceci, Loretto a reparu à droite, causant avec des seigneurs, des dames, des masques.*)

SCÈNE XVI.

LES MÊMES, PIÉTRO, *couvert d'un domino, vient sur le devant, à droite.*

PIÉTRO, *arrêtant le comte par son habit, à voix basse.*
Comte de Lorezzo!
(*Lorezzo et Antonia tressaillent.*)
Vous vous êtes ici trahi par imprudence,
Fuyez! fuyez! croyez-en un ami.

LOREZZO, *à part.*
O ciel! qui! Stéphano?... non, non, ce n'est pas lui.

ANTONIA, *à elle-même, avec désespoir.*
Voilà donc l'amour des Strozzi!

PIÉTRO, *bas.*
Fuyez! dans un moment il n'est plus temps, peut-être!

LOREZZO.
Mais vous, qui pensez me connaître?...

PIÉTRO, *à mi-voix.*
Suivez-moi, comte Lorezzo!

LOREZZO.
Qui donc êtes-vous?

PIÉTRO.
Piétro!
(*Il se découvre le visage.*)
Venez, vous allez tout apprendre;
Hâtons-nous! hâtons-nous! car on peut vous surprendre...
(*On entend un grand bruit extérieur qui se mêle encore aux orchestres du bal.*)

ANTONIA, PIÉTRO, LOREZZO.
O ciel! il n'est plus temps!
(*Ici paraissent, sur la terrasse du fond, des soldats commandés par Bulgari; ils arrivent par la gauche; ils descendent l'escalier. — Les chœurs se séparent et dégagent le fond.*)

CHŒUR DE MASQUES, *voyant entrer des soldats.*
Mais que nous veulent tous ces gens?
Les singuliers déguisemens!

SCÈNE XVII.

MASQUES, SEIGNEURS, DONATI, BULGARI, ANTONIA, LOREZZO, PIÉTRO.

(Pendant cette scène, de nouveaux masques arrivent des salles contiguës, et le bruit des instrumens du bal diminue de plus en plus.)

PLUSIEURS MASQUES, *à voix basse.*
Du tribunal invisible
C'est la garde terrible!

(Des soldats sont placés près de chaque porte, à droite et à gauche.)

BULGARI, *s'avançant au milieu du théâtre.*

(parlant.) Au nom des Dix, soumettez-vous à l'instant même, comte Lorezzo!

(Ici plusieurs personnes passent vivement d'un côté à l'autre.)

ENSEMBLE.

CHOEUR.	DONATI, *à part, étonné.*
O ciel! ma surprise est extrême!	Et je l'ai condamné moi-même!
C'était le comte Lorezzo!	C'était le comte Lorezzo!

(Pendant ce temps, Piétro parcourt tous les groupes du côté droit et semble leur parler vivement.)

ÉMILIO *arrive, tenant un rouleau; il se place au milieu près de Donati.*

Par le pouvoir du doge, élu dans ce moment,
Le tribunal cesse d'être invisible
Et voici votre jugement.

ANTONIA, *apercevant Donati.*
Ah! seigneur, sauvez mon père!

DONATI, *à part.*
Jour fatal qui me désespère!

LOREZZO, *lisant l'arrêt.*
O ciel! la mort!

ACTE II, SCÈNE XVII.

CHOEUR.

La mort!

ANTONIA, *arrachant le papier des mains de Lorezzo.*

Signé : Donati! Stéphano!...

ENSEMBLE.

UNE PARTIE DU CHOEUR.	UNE AUTRE PARTIE DU CHOEUR.
Honneur! honneur au tribunal!	Quoi! c'est encor le tribunal;
Les méchans seuls sont ses victimes;	Il veut encor quelques victimes!
Il nous épargne bien des crimes.	Toujours du sang, toujours des crimes!
Ce Lorezzo nous fut fatal!	Ah! que ce jour lui soit fatal!

(*Des deux côtés les chœurs se rapprochent, se menacent; des soldats les empêchent d'en venir aux mains.*)

ANTONIA.	LOREZZO.
Quoi! dans ce jour, du tribunal	Quoi! dans ce jour, du tribunal
Il deviendrait donc la victime!	Je deviendrai donc la victime!
Dis-moi, grand Dieu! quel est son crime	Dis-moi, grand Dieu! quel est mon crime
Pour mériter ce sort fatal!	Pour mériter ce sort fatal!

FLORETTA.	PIÉTRO.
Quoi! dans ce jour, le tribunal	Quoi! dans ce jour, du tribunal
Réclame encore une victime!	Il deviendrait donc la victime!
Comment sortir de cet abîme?	Comment sortir de cet abime?
Ah! pour nous tous quel sort fatal!	Ah! pour nous tous quel sort fatal!

DONATI.

Quoi! dans ce jour, du tribunal
Nous devenons tous victimes!
Dans quel malheur, dans quel abime,
Nous a plongés le sort fatal!

Sort affreux qui me désespère!
Et je ne puis sauver ses jours!

PIÉTRO.	ANTONIA.
Non, rien n'égale ma colère!	Ah! mes amis, sauvez mon père!
Essayons de sauver ses jours.	Ah! mes amis, sauvez ses jours!

FLORETTA.	LOREZZO.
Sort affreux qui me désespère!	Rassure-toi, fille trop chère,
Ah! mes amis, sauvez ses jours!	Mon cœur te restera toujours.

SCÈNE XVIII.

EMILIO, DONATI, BULGARI, STÉPHANO, ANTONIA, LOREZZO, PIÉTRO, FLORETTA.

STÉPHANO, *accourant par le fond au milieu.*
Je vous conjure! je vous implore!...

(*Antonia s'éloigne de lui avec horreur.*)

LOREZZO.
Voudrais-tu me tromper encore?...
(*aux quatre gardes qui sont venus au milieu.*)
Marchez, je vous suis...
(*à Stéphano.*)
Et toi, traître! je te maudis!

(*Stéphano accablé se jette dans les bras de Donati.*)

ENSEMBLE.

ANTONIA *et* FLORETTA.
Comble d'horreur, de perfidie!
Au père il arrache la vie;
A la fille il offre son cœur;
Malheur à lui! malheur!

PIÉTRO *et* LOREZZO.
O moment plein d'horreur!
Comble de perfidie!
Malheur à lui! malheur!

STÉPHANO *et* DONATI.
Pour nous quel moment plein d'horreur!
Ils m'accusent de perfidie:
Malheur à nous, malheur! malheur!

CHŒUR.
Comble d'horreur, de perfidie!
Au père il arrache la vie;
A la fille il offre son cœur;
Malheur à lui! malheur! malheur!

AUTRE PARTIE DU CHŒUR.
Au tribunal, honneur! honneur!

(*On emmène Lorezzo; Antonia s'évanouit, soutenue par Floretta et plusieurs dames.*)

FIN DU DEUXIÈME ACTE.

ACTE III.

Le théâtre représente une salle basse de la citadelle qui sert de prison; portes à droite et à gauche: au fond, une seule porte-fenêtre, vaste, en ogive et à vitraux de couleur; elle s'ouvre sur une terrasse ou jetée, entourée d'une balustrade en fer, et conduisant à une petite tour qui servait de fanal, et dont on voit l'escalier. Au-delà et au bas de cette jetée, la mer, et le ciel; un clair de lune ou un rideau d'orage. Au milieu du théâtre, une table sur laquelle sont des pots, des verres et une lampe de forme gothique; des escabeaux, des bancs.

SCÈNE PREMIÈRE.

BULGARI, *au milieu;* SOLDATS, *tenant des verres, des pots.*

CHOEUR.

A la brigade,
Mon camarade,
Verse rasade,
N'épargnons rien;
L'or, je m'en pique,
N'est pas relique;
La république
Nous paiera bien!

BULGARI, *se levant; il est en costume militaire.*

Ainsi que moi, naguère,
Sans peur et sans respect,
Sachez faire la guerre
Au proscrit, au suspect!...

CHOEUR.

Ainsi que lui, etc.
A la brigade, etc.

BULGARI.

Sur tous ces bons apôtres
Sachez mettre la main;
On arrête les autres
Et l'on fait son chemin!...

(*Il montre son uniforme.*)

J'aurais, pour une bourse,
A Josué pareil,
Essayé dans sa course
D'arrêter... le soleil!

CHOEUR, *riant.*

Il aurait dans sa course
Arrêté le soleil!
A la brigade, etc.

(*Ici les soldats mettent la table de côté, à gauche, ainsi que les escabeaux; quelques-uns y restent assis, d'autres sortent par la porte de gauche.*)

SCÈNE II.

BULGARI, PIÉTRO, *introduit par un porte-clés.*

BULGARI.

Qui va là? Ah! c'est vous, maître Piétro!

PIÉTRO, *sans le regarder et les bras croisés.*

Je demande à parler au commandant en second de la citadelle.

BULGARI, *avec une importance comique.*

Vous pouvez lui rendre vos devoirs, il est devant vous.

PIÉTRO, *avec un mouvement de surprise.*

Toi? Ainsi donc, le premier garde du tribunal invisible est devenu tout à coup...

BULGARI.

Commandant. Tu le vois.

PIÉTRO, *haussant les épaules.*

Eh bien! ça ne m'empêchera pas de dire que monseigneur Bulgari n'est qu'un misérable...

ACTE III, SCÈNE II.

LES SOLDATS, *tournant la tête en murmurant.*

Oh! oh!

PIÉTRO, *continuant.*

Qui, malgré son élévation, mériterait d'être encore plus haut placé; attendu que par contumace, il y a un an, il a été condamné à être...

(*Les soldats se lèvent et s'approchent.*)

BULGARI, *se tournant à eux comme s'il allait se fâcher.*

Soldats! éloignez-vous! je vais parler à cet homme; il est fou. (*Il les repousse jusqu'à la porte de gauche. Il revient vivement.*) Tais-toi donc, Piétro. Que diable! c'est indiscret.

PIÉTRO.

Et tu crains les indiscrétions?

BULGARI.

Ce n'est pas cela; mais ces soldats sont si bêtes, si simples... Piétro, tu as un bien mauvais caractère: tu es raboteux en diable depuis quelque temps, et je devrais t'en vouloir. Certain moine qui s'est confessé à moi m'a donné de tes nouvelles... Comment, tu voulais me tuer!

PIÉTRO.

Qui donc te l'a dit?

BULGARI, *en riant.*

Je l'ai su le premier; (*riant toujours.*) car ce moine, ce révérend personnage... c'était moi, Piétro.

PIÉTRO.

Toi?

BULGARI.

Moi-même.

PIÉTRO.

Ah! si je l'avais su!...

BULGARI.

J'aime à croire que tu as changé d'idées... (*contrefaisant le moine.*) que tu t'es repenti, mon fils. (*Il rit.*)

PIÉTRO.

A quoi ta mort me servirait-elle maintenant?

BULGARI.

Tu as raison, à rien... à la bonne heure, j'aime mieux ça, et puis ce serait dommage de m'arrêter en route, maintenant que je suis commandant en second. C'est le comte Lorezzo qui m'a valu cela.

PIÉTRO, *avec colère.*

Ne prononce pas ce nom !...

BULGARI.

Pour te distraire, tu devrais conspirer aussi, toi, Piétro ; te faire proscrire... je t'arrêterais, on te pendrait, et ça me ferait nommer commandant en premier de la citadelle.

PIÉTRO, *impatienté.*

Ah !... Je viens ici pour voir le comte ; je veux le voir, ou sinon...

BULGARI.

Allons, que diable ! on ne peut pas rire avec toi ; mais que t'a-t-il donc fait, ce vieux napolitain, pour t'intéresser si vivement ?

PIÉTRO.

Quand il n'aurait fait que confier sa vie à ma loyauté, à ma fidélité...

BULGARI.

Ah ! çà, mais, voyons, je crois que tu deviens fou.

PIÉTRO.

Tu ne me comprends peut-être pas bien ? tant pis pour toi... mais j'ai un cœur reconnaissant.

CAVATINE.

Par sa bonté, par ses secours,
Il a soulagé ma misère ;
Et, bon fils, je me souviens toujours
Qu'il prit soin de ma vieille mère.
Si je ne puis sauver ses jours,
Je saurai le venger, j'espère !
La mémoire de ses bienfaits
Me l'a fait chérir comme un père ;
Ah ! peut-on oublier jamais
Celui qui sauva notre mère !

BULGARI.

Que veux-tu ? il n'y a point de ta faute dans tout cela, et, après tout, quand tu irais te noyer...

PIÉTRO.

Par saint Marc! s'il ne fallait qu'aller me jeter dans le golfe pour le sauver... et même t'y jeter avec moi!...

BULGARI.

Grand merci!

(*Un soldat entre par la porte à droite et remet une lettre à Bulgari.*)

SCÈNE III.

LES MÊMES, BULGARI, PIÉTRO.

BULGARI.

C'est bien, l'ami.

(*Le soldat se place au fond à gauche. — A Piétro, en lui montrant l'adresse de la lettre.*)

Vois-tu que je ne te trompe pas: « Au commandant en « second, Bulgari, forteresse du Fanal. » (*Il ouvre la lettre.*) Eh! c'est l'amiral Emilio qui m'écrit. (*Il lit.*) « Le Fa- « nal est abandonné depuis long-temps; comme c'est le « point le plus élevé du côté du golfe, et qui domine « tout Venise, vous aurez soin de faire préparer des ma- « tières combustibles pour servir de signal au besoin. » (*avec importance.*) Il suffit! (*allant au soldat.*) Toi, fais préparer des bois résineux, des étoupes, enfin ce que l'on trouvera, et fais-le porter sur cette terrasse (*Il va ouvrir la porte du fond.*), et déposer au bas de la tour du Fanal, de façon qu'à la première étincelle... Va. (*Il revient à Piétro.*) Je ne m'y entends pas mal pour un début, n'est-ce pas? (*La porte de gauche s'ouvre, un porte-clés paraît, introduit Lorezzo, Antonia, et rentre.*) Mais voici ton protégé. (*Il se découvre.*) Vous pouvez rester dans cette salle, en attendant qu'il soit appelé...

(*Il sort par la première porte de droite.*)

SCÈNE IV.

ANTONIA, LOREZZO, PIÉTRO.

PIÉTRO, *saisissant la main de Lorezzo avec vivacité et s'inclinant avec respect.*

Vous voici !

LOREZZO, *en costume simple.*

Bon Piétro, que viens-tu chercher dans ces tristes lieux ?

PIÉTRO.

Mon sort est lié au vôtre ! aucun de vos gens ne vous a suivi ici, moi je viens vous servir (*d'une voix oppressée.*) jusqu'à la fin !... et après, si je le puis, (*en baissant la voix.*) je vous vengerai.

LOREZZO.

Ah ! loin de moi d'y consentir jamais !

ANTONIA, *en costume simple.*

Malheureux père !

LOREZZO, *montrant le ciel.*

J'ai voulu le bien de Venise et de ma patrie ! Hélas ! (*se tournant vers sa fille.*) Je suis moins à plaindre que mon Antonia ; je n'ai été trahi que par la fortune, tandis que toi !...

ANTONIA, *avec douleur.*

Stéphano ! qui l'eût jamais pensé !

(*Pendant cette scène deux soldats entrent par la porte du haut, à gauche, portant dans un panier du bois, de la paille, des étoupes, etc. Ils ouvrent la porte à vitraux et repassent un moment après sur le théâtre.*)

SCÈNE V.

LES PRÉCÉDENS, BULGARI. *Il est suivi de deux soldats la lance à la main, qui se placent de chaque côté de la première porte à droite.*

BULGARI, *lentement et d'un ton grave.*

Comte de Lorezzo, le conseil assemblé vous attend.

(*Il se tient un peu haut en scène et montre la porte. Lorezzo fait un pas.*)

ANTONIA.

Mon père, je m'attache à vos pas.

LOREZZO.

Que peux-tu pour moi? l'arrêt est porté, tes pleurs ne les fléchiront pas; ce dernier tribunal ne remplit qu'une vaine formalité.

ANTONIA.

Voulez-vous me priver du bonheur de vous voir encore!

LOREZZO.

Viens donc, ma fille! (*avec une vive émotion.*) Mais tu ne pourras rester long-temps près de moi! (*à Piétro qui pleure.*) Fidèle Piétro, tes soins me sont désormais inutiles, retourne auprès de ta mère... jusqu'au dernier instant tu auras une place dans mon souvenir...

(*Piétro veut lui prendre la main, mais il lui ouvre ses bras, Piétro s'y précipite.*)

LOREZZO.

Adieu!

(*Il entre à droite suivi d'Antonia et des deux soldats; la porte se referme.*)

SCÈNE VI.

PIÉTRO, BULGARI, *et ensuite* FLORETTA.

BULGARI.

Allons, Piétro, du courage, mon garçon!

PIÉTRO, *passant à gauche en essuyant une larme.*

Il y a du courage à être résigné sur ses propres malheurs, mais supporter patiemment ceux de son bienfaiteur, c'est de l'ingratitude.

FLORETTA, *en dehors à droite, au fond.*

Laissez-moi passer... j'ai un papier, je passe, je passe!

(*Le porte-clés paraît avec Floretta qu'il veut retenir.*)

BULGARI, *faisant un signe au porte-clés.*

Oh! oh! laissez, laissez... que voulez-vous, signorina?

FLORETTA.

Ah! monsieur, je veux entrer; menez-moi tout de suite où il est... mon pauvre oncle, le comte de Lorezzo... je veux le voir. (*se tournant et courant à lui.*) Ah! c'est vous, Piétro, où est mon oncle?

PIÉTRO, *avec douleur.*

Là!

(*Il montre la première porte.*)

FLORETTA.

Je veux le voir!

BULGARI.

Vous ne le pouvez, maintenant du moins.

FLORETTA.

Comment! avec un écrit que le seigneur Donati m'a donné?...

BULGARI.

Ah! ah! vous le connaissez?

FLORETTA.

Beaucoup; j'ai dansé une fois avec lui! il ne pouvait pas me refuser sa protection; j'ai été me jeter à ses pieds, et il m'a donné un laissez-passer, et il m'a dit que je pouvais aller partout avec cela.

BULGARI.

Oui, vous pouvez aller partout, excepté au conseil, où le comte Lorezzo vient d'être cité tout à l'heure.

FLORETTA, *frappant du pied.*

Au conseil! eh bien! je veux y aller, je veux parler au conseil!

BULGARI.

Les accusés seuls y sont admis. (*La porte s'ouvre.*) Et tenez, voici la fille du comte qui n'a pu y être introduite.

(*Floretta remonte d'un pas et regarde de loin.*)

BULGARI.

Suis-moi, Piétro; elles ont sans doute bien des choses à se dire, viens...

(*Ils sortent tous les deux par la porte du haut, à droite.*)

SCÈNE VII.

FLORETTA, ANTONIA.

FLORETTA, *allant au-devant.*

Ah ! cousine !

ANTONIA.

Florette !

(*Elles s'embrassent en pleurant.*)

FLORETTA.

Les méchans ! quelle était ma position ! moi que vous aviez laissée dans l'ignorance sur vos secrets, sur vos inquiétudes... Je ne songeais qu'à ton mariage et à mon bal... mais voilà que tout à coup les danses sont interrompues, les salles sont désertes... on parle de soldats, de trahison ! de Stéphano ! Je me trouve seule !... seule !... ah ! cousine, quelle nuit !...

SCÈNE VIII.

FLORETTA, ANTONIA, PIÉTRO, *entrant par la droite.*

PIÉTRO, *d'un peu haut, à Antonia.*

Signora, le seigneur Stéphano vient d'arriver ici; il vous demande un entretien, il paraît fort agité. (*Antonia fait un geste de colère.*) Le plus grand tumulte règne dans la ville... des troupes, des gens armés, parcourent les différens quartiers, la torche à la main. Tous se portent vers le grand balcon où doit bientôt se montrer le nouveau doge.

ANTONIA, *vivement.*

Et qui est-il ?

PIÉTRO.

On l'ignore; il n'est pas encore proclamé; mais Stéphano Strozzi a retenu ma gondole pour se faire conduire au palais... je viens prendre vos ordres.

FLORETTA.

Et moi, je cours trouver de nouveau le seigneur Donati:

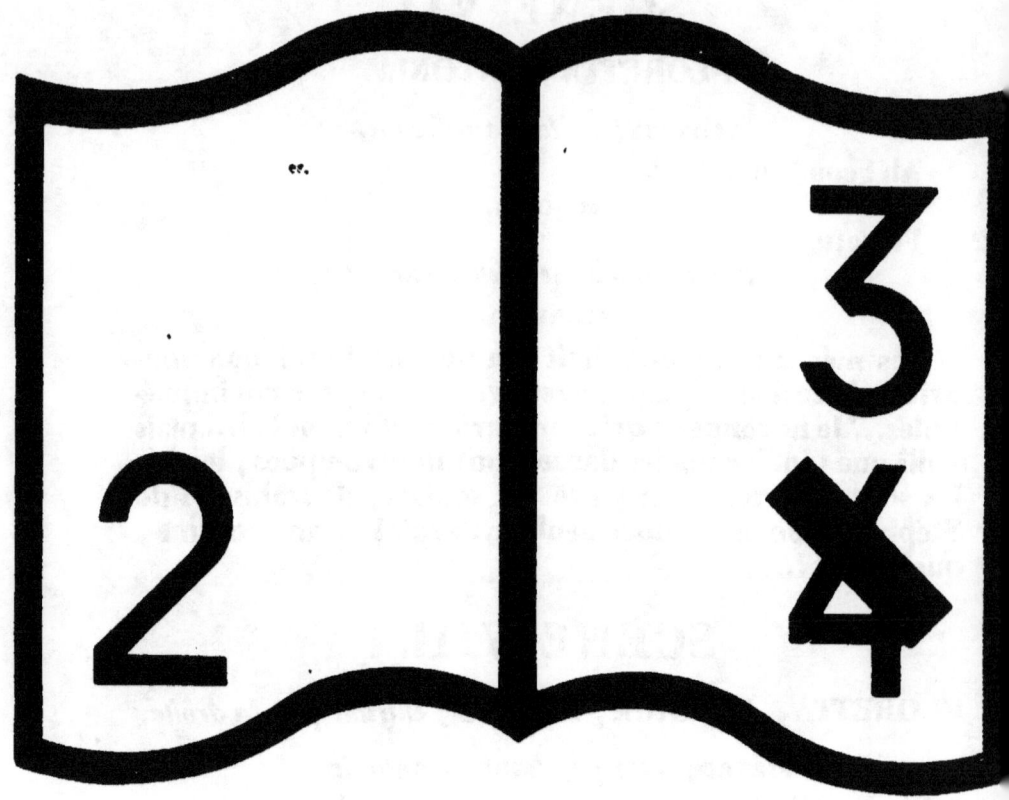

Pagination incorrecte — date incorrecte

NF Z 43-120-12

il connaît la duchesse, une grande dame, qui fait tout à Venise. Elle est belle, elle doit être bonne; je me jetterai à ses pieds et je l'attendrirai!... va, je ne suis qu'un enfant, mais j'ai du courage! Compte sur moi! Adieu, adieu!

(*Elle l'embrasse et sort vivement.*)

SCÈNE IX.

PIÉTRO, ANTONIA.

PIÉTRO, *après un temps.*

Eh bien! signora... Il va venir! le recevrez-vous?

ANTONIA.

Lui! Stéphano!

PIÉTRO, *d'une voix sombre.*

Signora! songez qu'à Venise l'amour porte un poignard!

DUO.

ANTONIA.	PIÉTRO.
Je le hais, le méprise!...	Dans un cœur qui se brise,
Mais le courroux s'épuise...	La colère s'épuise;
Dans mon cœur qui se brise	Mais songez qu'à Venise
L'amour prend encor part!	L'amour porte un poignard!
Amour, brise ta chaîne...	Non, brisez votre chaîne,
A Strozzi c'est ta haine	Et calmez votre peine;
Désormais qui m'enchaîne...	Point de pleurs!... à la haine
Hélas! il est trop tard.	Il ne faut qu'un poignard!

PIÉTRO, *regardant s'ils sont seuls.*

Écoutez-moi!...

ANTONIA.

Que veux-tu dire?

PIÉTRO.

Dans un instant je vais conduire
Strozzi jusqu'au palais ducal;
Eh bien! alors...

(*Il fait un geste.*)

ANTONIA.

Dessein fatal!

ACTE III, SCÈNE IX.

PIÉTRO.
Que cet instant lui soit fatal!

ANTONIA.
Quoi! tu voudrais... destin fatal!

PIÉTRO *va entr'ouvrir la porte à vitraux; on voit le ciel obscur, les éclairs, on entend le tonnerre.*

Le vent qui souffle, agite l'onde,
Au loin déjà la foudre gronde,
L'orage approche et nous seconde;
Ce soir, Piétro vous vengera...
Personne au loin qui lui réponde,
Nous serons seuls sur l'eau profonde!...
Au point du jour, demain, sur l'onde
Le corps d'un traître flottera!

ANTONIA.
Ciel! réponds!... que veux-tu faire?...

PIÉTRO, *avec feu.*
Ah! que la vengeance est chère!...

ANTONIA.
Écoutez ma prière...

PIÉTRO, *s'éloignant avec force.*
Fille! venge ton père!...
O remords superflus!

ANTONIA, *éplorée.*
Me rendrez-vous mon père,
Par un crime de plus?...

STÉPHANO, *et quelques voix en dehors.*
Ouvrez, au nom des Dix!

ANTONIA, *se jetant contre Piétro.*
Ciel! je viens de l'entendre!

PIÉTRO.
Ordonnez son trépas.

ANTONIA, *indécise, agitée.*
Ici faut-il me rendre?...
Va... ne t'éloigne pas...

ENSEMBLE.

ANTONIA.	PIÉTRO.
Je le hais, le méprise, etc.	Dans un cœur qui se brise, etc.

(*Piétro s'éloigne par la porte de gauche.*)

SCÈNE X.

ANTONIA, STÉPHANO.

ANTONIA, *sans le regarder.*

Pourrai-je supporter sa vue?

STÉPHANO, *s'avançant lentement.*

Antonia... combien mon cœur avait besoin de vous voir!

ANTONIA, *avec amertume et sans se retourner.*

Vous saviez pourtant où vous pourriez me rencontrer;—n'avez-vous pas vous-même préparé le lieu du rendez-vous?

STÉPHANO.

Moi-même? Ah! toutes les apparences se sont enchaînées d'une manière funeste pour m'accuser; mais, Antonia, écoutez-moi.

ANTONIA, *indignée.*

Que mon cœur devînt le jouet de votre perfidie, ce n'était là qu'un triomphe ordinaire et qui n'eût point suffi à votre affreuse gloire; il vous fallait de plus sacrifier le vieillard respectable qui vous confiait son honneur, sa vie et son enfant!

STÉPHANO.

Arrêtez! de grace...

ANTONIA.

Mais que t'importe, après tout, la perte d'une femme et d'un vieillard? (*allant droit à lui.*) Es-tu doge, Stéphano?... Ce titre peut consoler de tout.

STÉPHANO, *vivement.*

Qui a pu vous abuser ainsi?

ANTONIA, *sans l'écouter.*

Va, je sais tout. Tu n'as pas eu la force de rompre les nœuds que toi-même avait formés, et tu as conduit mon père à sa perte.

(*Ici Piétro reparait au fond, à gauche, et on le voit écrire sur des tablettes.*)

SCÈNE XI.

PIÉTRO, *au fond;* ANTONIA, STÉPHANO.

STÉPHANO, *avec transport,*

Antonia, au nom du ciel! par pitié! daignez m'écouter; songez qu'il y va de mon bonheur, de la vie de votre père; laissez-moi me justifier.

ANTONIA.

Parlez, parlez! Je ne demande qu'à douter encore.

(*On entend le bruit des cris tumultueux qui se font entendre au loin.*)

SCÈNE XII.

LES MÊMES, UN OFFICIER, BULGARI.

(*Bulgari sort de la salle du conseil, parle à Piétro, lui dit tout bas que le comte est condamné, et sort à droite.*)

L'OFFICIER.

Seigneur Stéphano, (*Stéphano remonte deux pas.*) on attend le doge... hâtez-vous de vous rendre chez la duchesse de Mendelli.

ANTONIA, *poussant un cri de rage.*

Ah!

(*Elle redescend sur l'avant-scène.*)

STÉPHANO, *avec joie.*

Elle m'a tenu parole! Antonia, vous apprendrez à me connaître. (*allant à Piétro qui plie son billet.*) Piétro, Piétro! d'un seul instant dépend notre sort!   (*Il s'éloigne.*)

ANTONIA, *après le départ de Stéphano, d'une voix étouffée.*

Je me meurs!

PIÉTRO, *venant à la gauche d'Antonia.*

Votre père est condamné; l'arrêt des Dix est confirmé. Eh bien! lisez ces mots, et décidez!

(*Elle semble ne pas l'entendre; il glisse son billet dans sa main, et sort vivement par la droite.*)

SCÈNE XIII.

ANTONIA, *se réveillant comme d'un songe.*

Où suis-je? (*Elle regarde autour d'elle avec une espèce de surprise.*) Mon père!... Stéphano!... (*apercevant le billet de Piétro qu'elle tient encore à la main.*) Quel est ce billet? (*Elle lit.*) « Sur la terrasse du fanal est un amas de matières « combustibles; avant que nous n'ayions fait la traversée, « quatre heures sonneront à Saint-Marc... si à ce moment « je ne vois aucune lumière briller, il mourra; si la clarté « du fanal arrive jusqu'à moi, c'est que vous lui faites « grace... j'obéirai alors à regret. Piétro. (*On entend gronder le tonnerre.* — *Avec une espèce d'égarement.*) Ah! mon père serait donc vengé!

GRAND AIR.

Sonnez! sonnez! heures de la vengeance!
A ma rivale annoncez son trépas;
   Elle gémit de son absence...
   Moi, du moins, je ne l'attends pas.
   Tu ne mourras pas seul, mon père!
   Moi-même aussi, je vais mourir!
   Que ferais-je sur cette terre,
Où tu ne seras plus, hélas! pour me chérir?
   Sonnez, sonnez! heures de la vengeance,
   A ma rivale annoncez son trépas;
   Elle gémit en son absence...
   Moi, du moins, je ne l'attends pas.

Mais, pourtant, quand l'heure s'approche,
Dans mon cœur un cri tout puissant
Me dit avec un long reproche :
Antonia, s'il était innocent!
Doit-il périr en ce moment?
Lui que j'aimais... que j'aime encore!

(*Ici quatre heures commencent à sonner lentement.*)
   O ciel! l'heure fatale!... ô mon Dieu! je t'implore!
     (*saisissant la lampe qu'elle aperçoit.*)
   De Piétro suspendons les projets!...

ACTE III, SCÈNE XIII.

(Elle court ouvrir la porte vitrée qui donne sur la terrasse du fanal, les éclairs traversent le fond du théâtre, tout annonce un ouragan terrible. Le tonnerre gronde, le vent souffle avec force, et la lampe s'éteint. La rampe se baisse rapidement.)

O désespoir horrible!...
O furieux transport!...
Au secours! au secours!...

(On entend tinter le dernier coup de l'horloge.)

Non, il n'est plus possible...
Il est mort!

(Elle vient tomber anéantie sur un siége, près de la table à gauche.)

SCÈNE XIV.

ANTONIA, *toujours acablée*, **BULGARI, LOREZZO, SOLDATS.**

(Marche sourde et lugubre à l'orchestre. Un porte-clés arrive de la droite; il tient une torche allumée. Quatre soldats entrent les premiers, lentement... Le comte Lorezzo paraît dépouillé de ses habits et couvert de la robe des criminels. — Il carnefice, le bourreau, le suit portant une hache qui brille à la lueur des torches. Quatre soldats ferment la marche. — Antonia sort peu à peu de son acablement, et prête l'oreille d'abord; elle se lève.)

LOREZZO *l'aperçoit en traversant le théâtre.*
Antonia!

ANTONIA, *au comble de la terreur, l'aperçoit, pousse un cri et court à lui.*
L'effroi me glace!
Mon père!... et vous aussi, vous allez donc mourir?

(Les soldats paraissent contrariés de cette rencontre. — Bulgari fait signe à Lorezzo de marcher, et lui montre la porte.)

LOREZZO, *implorant.*
Ah! la revoir est une grace!

ANTONIA.

Cruels! accordez-lui le temps de me bénir!

(*Elle s'agenouille devant lui. Lorezzo élève ses mains ; à son père :*)

Encore adieu! bientôt je vais vous suivre!

(*On entend frapper vivement aux portes de la prison. L'orchestre peint un grand mouvement extérieur.*)

BULGARI, SOLDATS, *prêtant l'oreille vers la droite.*

Quel cri là-bas est répété?

(*Il va ouvrir la porte.*)

SCÈNE XV.

LES MÊMES, DONATI, FLORETTA, *se précipitant, suivis de quelques officiers.*

DONATI *et* FLORETTA *entrent vivement.*

Gardiens! soldats! qu'on le délivre...

(*Ils montrent le comte.*)

TOUS.

Qu'entends-je? ô ciel!

BULGARI, *retenant Donati.*

Mais son arrêt?...

DONATI, *lui remettant un parchemin.*

Est rapporté!

LOREZZO et ANTONIA, *à Donati.*

Est-ce par vous?... Dieu de bonté!

DONATI.

Je n'ai presque rien fait; mais la belle duchesse
 Avait promis hier à Stéphano,
  Q'aujourd'hui le doge nouveau
  Ferait grace à Lorezzo.
 C'est par lui seul, par sa tendresse
 Que ce pardon fut obtenu...

(*regardant autour de lui.*)

  Mais chez elle il n'a point paru ;
  Que peut-il être devenu?

ACTE III, SCÈNE XV.

ANTONIA, *troublée, hors d'elle-même et rappelant ses idées.*
Stéphano!... dieux!... il n'était point coupable!
O remords effroyable!
Pour vous venger...

(*Elle fait un geste.*)

TOUS.
Ciel!

ANTONIA, *au désespoir.*
Il est mort!
Ne l'appelez plus, il est mort...

TOUS.
Pour vous venger?... affreux transport!
Ah! quelle horreur!
Eh quoi! mon fils! il serait mort!
Mon ami, dieux!...

(*Musique animée et joyeuse.*)

TOUS.
Entendez-vous ces chants d'ivresse?
Le peuple accourt plein d'allégresse.

(*Des soldats arrivent par toutes les portes, le peuple pénètre en foule par la porte de droite : les uns portent des flambeaux, les autres des bannières, les autres des armes. — Pendant ceci, on entend des coups de canon, et le carillon des cloches dans le lointain.*)

LE PEUPLE, *entrant.*
Courons tous au palais ducal;
A bas... à bas le tribunal!

SCÈNE XVI.

LES MÊMES, PIETRO *entrant le premier, ensuite* STÉPHANO, SOLDATS, PEUPLE. *Ils arrivent par le fond à droite et descendent jusqu'à l'avant-scène de gauche.*

PIÉTRO, *accourant hors de lui, tout joyeux.*
Ah! mon cher maître... ah! signora...

(*Stéphano paraît au fond.*)

www.ingramcontent.com/pod-product-compliance
Lightning Source LLC
LaVergne TN
LVHW021719080426
835510LV00010B/1042

TOUS, *surpris.*

Stéphano!...

PIÉTRO, *d'un air triomphant, à Antonia.*

Oui, le voilà!

(*Antonia pousse un cri de joie et se jette à genoux pour remercier le ciel. Piétro, se plaçant à la droite d'Antonia.*)

Je vous avais juré vengeance;
Mais au milieu du golfe, il m'a dit : « Cher Piétro,
« Presse la rame, avance, avance,
« Il s'agit de sauver le comte Lorezzo!... »

STÉPHANO, *placé entre Antonia et Lorezzo.*

Puis-je encor vous nommer mon père?...

LOREZZO.

Toi, mon sauveur!

TOUS.

Moment prospère!...

CHOEUR.

Oublions tous ce triste jour!
Bannissons les alarmes.
Dans ce jour plein de charmes,
Mes amis, plus de larmes;
Livrons-nous au plaisir!
Plus de maux, de souffrance!
De la paix l'assurance;
Bonheur, amour, constance,
Nous donnent l'espérance
Du plus doux avenir.

(*Le bruit des cloches et du canon se fait entendre. La toile tombe.*)

FIN.